ESPLORA IL BELGIO

Guida Turistica alle Meraviglie
del Cuore d'Europa

Valen Del Mondo

Independently published

Copyright © 2024 Independently published

Tutti i diritti riservati

I personaggi e gli eventi rappresentati in questo libro sono immaginari. Qualsiasi somiglianza a persone reali, vive o morte, è casuale e non voluta dall'autore.

Nessuna parte di questo libro può essere riprodotta o archiviata in un sistema di recupero né trasmessa in qualsivoglia forma o mediante qualsiasi mezzo, elettronico, meccanico, tramite fotocopie o registrazioni o in altro modo, senza l'autorizzazione scritta esplicita dell'editore.

Codice ISBN: 9798878066174

Autore della copertina: Pittore
Numero di controllo Library of Congress: 2018675309
Stampato negli Stati Uniti d'America

A chi intraprende questo viaggio attraverso le pagine di "Esplora il Belgio: Guida Turistica alle Meraviglie del Cuore d'Europa",

Inizia con un grazie, un sentimento sincero che si estende a coloro che si immergeranno nelle parole e nelle immagini che compongono questa guida. Grazie per scegliere di esplorare il Belgio attraverso gli occhi di questo libro, per affidarti a Valen Del Mondo come guida nei tesori del cuore d'Europa.

Questa guida non è solo un compendio di informazioni, ma un invito a un'avventura. Un invito a passeggiare per le strade acciottolate di Bruges, a navigare i canali di Bruxelles, a respirare l'aria fresca delle Ardenne e a immergersi nelle tradizioni che rendono il Belgio unico.

A voi, viaggiatori intraprendenti, che cercate oltre la superficie delle destinazioni, che volete scoprire la storia, la cultura e la bellezza autentica di ogni luogo visitato. Questo libro è stato creato pensando a voi, per arricchire il vostro viaggio, per rendere ogni tappa non solo un punto sulla mappa, ma un'esperienza indimenticabile.

A chi sogna di percorrere le strade di una città medievale, di gustare i sapori autentici di una cucina ricca di tradizione, di immergersi nell'arte e nella cultura di un paese che ha plasmato la storia europea. Questa guida è un invito a trasformare i sogni in realtà, a trasformare le pagine in percorsi da seguire.

Grazie a chi si prepara a scoprire le gioie di Bruges, la vivacità di Bruxelles, la storia di Gand e l'arte di Anversa. Grazie a chi desidera assaporare la birra belga, gustare i cioccolatini locali e vivere un viaggio che va al di là delle aspettative.

A voi, amanti del viaggio e dell'esplorazione, che trasformerete queste parole in passi, che trasformerete le descrizioni in esperienze tangibili. Che ogni pagina di questa guida sia un'anticipazione di un viaggio straordinario che vi attende.

Che "Esplora il Belgio" diventi il compagno fidato, il consigliere instancabile e il complice silenzioso nei momenti di scoperta e meraviglia.

Buon viaggio,

Valen Del Mondo

Nel cuore d'Europa, il Belgio si rivela come un libro aperto, ogni pagina scritta con le pietre di antichi castelli, le trame dei suoi canali e l'arte dei cioccolatini. Esplorare il Belgio è svelare storie nascoste, assaporare sapori unici e danzare tra le sfumature della sua cultura. Che ogni viaggio diventi un capitolo indimenticabile di questo libro vivente.

VALEN DEL MONDO

SOMMARIO

Frontespizio
Copyright
Dedica
Dedica
Introduzione
Prefazione
Prologo
Capitolo 1: Introduzione al Belgio — 1
Capitolo 2: Bruxelles - La Capitale dell'Europa — 4
Capitolo 3: Bruges - La Venezia del Nord — 7
Capitolo 4: Gand - Arte e Storia Fusi Insieme — 10
Capitolo 5: Anversa - Tesori Artistici e Il Diamante — 14
Capitolo 6: Liegi - Un Viaggio Tra Storia e Modernità — 19
Capitolo 7: Namur - La Capitale della Vallonia — 23
Capitolo 8: Le Ardenne - Natura e Avventura — 27
Capitolo 9: Le Spiagge della Costa Belga — 32
Capitolo 10: La Grande Guerra - Itinerario Storico — 36
Capitolo 11: Il Belgio Gastronomico — 40
Capitolo 12: Le Città Termali - Rigenerazione e Benessere — 44
Capitolo 13: Ghent Festival - Un'Esperienza Culturale Unica — 49
Capitolo 14: I Mulini a Vento di Kinderdijk - Un Patrimonio — 54

Idraulico Unico

Capitolo 15: L'Arte Urbana di Ostenda - Espressione Creativa tra Onde e Murales — 59

Capitolo 16: La Moda Belgica - Un'Eleganza Discreta tra Stilisti Iconici e Boutique Raffinate — 64

Capitolo 17: Il Belgio e il Cioccolato - Un'Esperienza Dolcemente Indimenticabile — 69

Capitolo 18: Un Viaggio Sulle Strade del Belgio - Esplorando la Bellezza Nascosta tra Villaggi e Pae — 74

Capitolo 19: Il Belgio in Ogni Stagione - Un Viaggio Incantevole tra le Variazioni del Tempo — 78

Capitolo 20: Frasi Utili per il Viaggio in Belgio - Un Manuale Pratico per l'Esploratore Linguistico — 82

Epilogo — 87

Postfazione — 91

Ringraziamento — 95

Informazioni sull'autore — 99

Libri di questa collana — 101

INTRODUZIONE

Benvenuti in questa straordinaria esplorazione attraverso le pagine di "Esplora il Belgio: Guida Turistica alle Meraviglie del Cuore d'Europa". Con il Belgio come nostro destriero, ci apprestiamo a intraprendere un viaggio affascinante attraverso una nazione che, sebbene spesso sottovalutata, nasconde segreti e tesori che attendono pazientemente di essere rivelati.

Il Belgio è una sinfonia di contrasti armoniosi, un luogo in cui l'antico e il moderno danzano insieme, dove la diversità linguistica diventa una forza e dove la storia è tessuta nelle strade ciottolate delle sue città. Attraverso questa guida, ci immergeremo in questa variegata tapestry di culture, paesaggi e esperienze, con l'obiettivo di cogliere l'anima autentica di questo paese unico.

La Magia delle Città: Bruxelles, Bruges, Gand e Anversa

Cominceremo il nostro viaggio nella vivace Bruxelles, la capitale dell'Europa, dove le istituzioni europee convivono con il fascino di una città che sa abbracciare il passato senza dimenticare il presente. Da qui, ci addentreremo nelle stradine di Bruges, la "Venezia del Nord", dove i canali intrecciano un racconto romantico e le case a graticcio narrano storie di secoli passati. Gand, con la sua fusione di arte e storia, ci accoglierà con il suo Gravensteen e il Museo delle Belle Arti. Anversa, con i suoi diamanti scintillanti e le opere del maestro Rubens, ci inviterà a esplorare tesori artistici unici.

La Natura delle Ardenne e la Dolcezza delle Spiagge Belghe

Per coloro che amano l'avventura all'aria aperta, le Ardenne offriranno paesaggi mozzafiato, foreste dense e grotte misteriose. Poi, ci trasferiremo sulle spiagge della costa belga, dove le località di Knokke-Heist e Oostende ci faranno scoprire il lato più rilassato e sereno del Belgio, con lungomari affascinanti e vivaci notti estive.

Un'Immersione nella Storia: Itinerario sulla Grande Guerra

Per gli appassionati di storia, il Belgio offre un itinerario toccante attraverso i luoghi chiave della Grande Guerra. Da Ypres a Passchendaele, seguiremo le orme di coloro che hanno vissuto momenti cruciali della storia mondiale, rendendo omaggio alle vite sacrificate durante quegli anni oscuri.

Il Belgio Gastronomico: Patatine, Waffle e Birra d'Abbazia

Un viaggio in Belgio non sarebbe completo senza un assaggio della sua rinomata cucina. Dalle famose patatine fritte al decadente waffle belga, ogni morso è un inno alla tradizione gastronomica. E, naturalmente, non possiamo dimenticare la birra belga, con la sua gamma variegata, dal tripel all'abbazia.

Eventi Unici e Tradizioni: Festival di Ghent e Mercatini di Natale

Il Belgio è anche il palcoscenico di eventi culturali unici, come il Ghent Festival che trasforma le strade in teatri vivaci durante l'estate, e i mercatini di Natale che portano calore e magia nelle città durante la stagione invernale.

Attraverso queste pagine, mi auguro che voi, cari lettori, possiate non solo scoprire luoghi, ma vivere un'esperienza. Che ogni capitolo sia un invito a immergervi nelle atmosfere delle città, a sorseggiare una birra nelle brasserie locali, a perdersi nei vicoli antichi e a lasciare che la bellezza del Belgio vi catturi.

Siate pronti per un viaggio che va oltre le aspettative, che svela il Belgio nella sua autenticità più profonda. Siate pronti a esplorare il Belgio, il cuore battente d'Europa.

Buon viaggio!

Valen Del Mondo

PREFAZIONE

Benvenuti, cari lettori, in questa avventura che vi condurrà attraverso le vie del Belgio, un paese incastonato nel cuore d'Europa, ricco di storia, cultura e bellezze naturali. In queste pagine, ci imbarcheremo insieme in un viaggio intriso di fascino, alla scoperta di luoghi affascinanti, tradizioni avvincenti e panorami mozzafiato.

Questa guida, "Esplora il Belgio: Guida Turistica alle Meraviglie del Cuore d'Europa", è nata dalla mia passione per l'esplorazione e dalla volontà di condividere le gemme di questo paese unico. Ogni parola, ogni immagine è un invito a scoprire i segreti che il Belgio custodisce con orgoglio.

Raccontare il Belgio: Un Viaggio nelle Storie di Pietra e Canaloni

Il Belgio è come un libro antico, le sue pagine scritte nelle pietre dei castelli medievali, nelle architetture magnifiche e nei volti sorridenti dei suoi abitanti. Attraverseremo città dalle atmosfere fiabesche, come Bruges, con i suoi canali romantici e le case a graticcio che custodiscono storie di secoli passati. Esploreremo Bruxelles, la capitale dell'Europa, dove l'antico e il moderno convivono in armonia, e Gand, con la sua fortezza medievale che racconta di antiche gesta.

Una Tela di Culture: Lingue, Arte e Tradizioni Belghe

Il Belgio è una tessitura di culture, riflesso nelle sue tre lingue ufficiali. Attraverso le parole e le immagini, ci immergeremo nelle sfumature della lingua olandese, francese e tedesca, assaporando la ricchezza di questa diversità linguistica. Attraverso l'arte fiamminga di maestri come Rubens, esploreremo il patrimonio culturale che ha plasmato il Belgio nel corso dei secoli.

Gustare il Belgio: Cibo, Birra e Cioccolato

Il Belgio è una festa per il palato, e vi invito a deliziarvi con le prelibatezze della sua cucina. Assaporerete il cioccolato in cioccolaterie storiche, degusterete birre artigianali nei festival della birra e vi perderete nei profumi delle patatine fritte appena preparate. La gastronomia belga è una sinfonia di sapori, e ogni capitolo di questa guida vi condurrà a tavole ricche di tradizione e creatività culinaria.

Consigli di Viaggio e Scoperte Autentiche

Oltre ai classici itinerari, troverete consigli pratici e segreti locali per rendere il vostro viaggio indimenticabile. Viaggeremo attraverso le Ardenne, esploreremo le spiagge affascinanti della costa belga e ci avventureremo tra i molini a vento di Kinderdijk. Ogni consiglio è pensato per farvi vivere il Belgio autentico, al di là delle guide tradizionali.

Vivere il Belgio: Un Invito a un'Esperienza Unica

Questa guida non è solo un elenco di luoghi da visitare; è un invito a vivere il Belgio. A respirare l'aria delle sue città, a gustare i suoi piatti, a sentire la storia nelle pietre che calpesterete. Spero che questa guida diventi un compagno fedele nel vostro viaggio, un amico che vi svela i segreti di questo paese affascinante.

Preparatevi a esplorare, a scoprire, a emozionarvi. Benvenuti in

Belgio, benvenuti tra le vie di un paese che sa raccontare storie con la sua pietra, il suo cioccolato e la sua birra.

Buon viaggio!

Valen Del Mondo

PROLOGO

Cari viaggiatori, avventurieri d'animo e sognatori di mondi sconosciuti, benvenuti nel prologo di "Esplora il Belgio: Guida Turistica alle Meraviglie del Cuore d'Europa". È qui, in questo antecedente narrativo, che voglio invitarvi a staccarvi dalla routine quotidiana e ad abbracciare un viaggio che vi porterà al di là dei confini delle mappe e delle aspettative.

Il Belgio, spesso collocato strategicamente sulla mappa d'Europa, è molto più di un punto geografico. È un universo affascinante di storie raccontate da antiche pietre, di lingue che si intrecciano come fili di un arazzo e di sapori che stimolano i sensi. Questa guida è il vostro passaporto per un'avventura che vi porterà a esplorare i segreti di un paese che merita di essere scoperto.

Oltre le Strade Ciottolate di Storia

Immaginatevi passeggiare lungo le strade ciottolate di Bruges, dove il tempo sembra essersi fermato tra le case a graticcio e i ponti che si specchiano nei canali. Oltre alle pietre levigate dalla storia di Gand, che narrano di cavalieri e damigelle e si riflettono nel maestoso Gravensteen. Oltre ai boulevard cosmopoliti di Bruxelles, che fondono l'antico e il moderno in una danza senza tempo.

Il Belgio è un palcoscenico dove la storia è la protagonista indiscussa. Ogni piazza, ogni strada, ogni chiesa è un capitolo nel grande libro della sua storia. Con questa guida, vi invito a girare ogni pagina, a immergervi nelle narrazioni scritte nelle pietre delle sue città e a scoprire i tesori nascosti nei loro anfratti.

Oltre la Diversità Linguistica: Un Mosaico di Culture

La lingua è la chiave per comprendere l'anima di un popolo. Nel Belgio, la diversità linguistica è un patrimonio che aggiunge colore e sfumature alla sua identità. Da Bruxelles a Namur, il francese risuona nelle strade, mentre ad Anversa e nelle Fiandre si intrecciano le melodie dell'olandese. E ancora, la lingua tedesca a Eupen sussurra le storie di una comunità radicata nella tradizione.

Con questa guida, viaggiate attraverso le lingue come viaggiare attraverso epoche diverse. Un mosaico di culture si dispiega davanti a voi, offrendo la possibilità di capire il Belgio in modo più profondo e significativo.

Oltre i Sapori: Un Banchetto per il Palato

Il Belgio è un paradiso per gli amanti del buon cibo. Oltre al richiamo delle patatine croccanti, vi invito a gustare i waffle appena sfornati, a deliziare il palato con cioccolatini artigianali e ad immergervi nell'arte di abbinare la birra alle specialità locali. Il Belgio non è solo un paese da visitare, ma un banchetto per il vostro palato, e questa guida è la vostra guida enogastronomica personale.

Oltre la Natura: Dalle Ardenne alle Spiagge

Esplorate le Ardenne, dove la natura si manifesta in tutta la sua grandiosità attraverso foreste fitte e valli verdi. Poi, immergetevi nella dolcezza delle spiagge belghe, dove il suono delle onde si unisce alla vivacità delle città costiere. Oltre la natura selvaggia delle Ardenne e la tranquillità delle spiagge, il Belgio offre un equilibrio unico tra paesaggi.

Oltre gli Eventi: Festival e Tradizioni Intramontabili

Il Belgio è noto per i suoi eventi culturali, come il Ghent Festival che trasforma la città in un palcoscenico vivace o i mercatini di Natale che avvolgono le città in un calore festivo. Oltre agli itinerari tradizionali, questa guida vi condurrà nei cuori pulsanti di feste e tradizioni che rendono il Belgio unico.

Oltre l'Inaspettato: Una Guida Verso l'Inusuale

In ogni viaggio, ciò che sorprende è spesso l'inaspettato. Questa guida vi condurrà oltre i percorsi consueti, alla scoperta di luoghi insoliti, eventi straordinari e tradizioni che sfidano le aspettative. Oltre l'ordinario, troverete l'essenza autentica del Belgio.

Oltre le Pagine: Un Invito all'Esplorazione

Vi invito ora a oltrepassare il prologo e a iniziare il vostro viaggio attraverso le pagine di "Esplora il Belgio". Ogni parola, ogni immagine è un invito a esplorare, a sognare, a vivere. Che ogni capitolo vi porti a nuove scoperte e che il Belgio si sveli a voi come un amico che racconta le storie più intime.

Buon viaggio,

Valen Del Mondo

CAPITOLO 1: INTRODUZIONE AL BELGIO

Il Belgio, una gemma nascosta nel cuore dell'Europa, è un paese affascinante che incanta i visitatori con la sua ricca storia, la vibrante cultura e le meraviglie naturali che si estendono attraverso il paesaggio. Situato strategicamente tra Francia, Germania, Olanda e Lussemburgo, il Belgio è spesso sottovalutato come destinazione turistica, ma coloro che si avventurano nelle sue città storiche e nei paesaggi mozzafiato vengono ricompensati con esperienze indimenticabili.

1.1 La Diversità Linguistica e la Forza dell'Unità

Il Belgio è noto per la sua sorprendente diversità linguistica. Con tre lingue ufficiali - olandese, francese e tedesco - il paese è un melting pot linguistico che riflette la sua storia complessa e le influenze culturali. Ogni regione ha la propria identità distintiva, contribuendo a una tessitura unica di tradizioni, lingue e storie. Tuttavia, nonostante questa diversità, il Belgio è unito da un forte senso di identità nazionale che permea ogni aspetto della vita quotidiana.

1.2 Cucina Belga - Un Viaggio dei Sensi

La cucina belga è una festa per i sensi, una sinfonia di sapori e aromi che cattura l'essenza del paese. Dalle famose patatine fritte alle deliziose praline di cioccolato, la gastronomia belga è un'esperienza culinaria che non delude mai. I mercati locali offrono prelibatezze fresche come i formaggi di fama mondiale, mentre le birre belghe, con la loro varietà di stili e sapori complessi, conquistano il palato degli intenditori.

1.3 Attrazioni Turistiche Iconiche

Il Belgio è un tesoro di attrazioni turistiche, con una varietà di luoghi affascinanti che spaziano da città cosmopolite a paesaggi naturali incontaminati. Bruxelles, la capitale, è sede di monumenti grandiosi come la Grand-Place, dichiarata Patrimonio dell'Umanità dall'UNESCO, e offre un miscuglio unico di architettura moderna e antica.

1.4 Bruges - La Fiaba delle Fiandre

Bruges, la "Venezia del Nord", incanta i visitatori con i suoi canali romantici, le strade lastricate e le case a graticcio che sembrano uscite da una fiaba. La Basilica del Sangue e la piazza del mercato sono solo alcune delle gemme architettoniche di questa città medievale, e un giro in battello lungo i canali offre prospettive indimenticabili.

1.5 La Storia Impregnata nelle Pietre di Gand

Gand, un tesoro storico situato sulle rive della Schelda, offre una miscela affascinante di storia e modernità. Il Gravensteen, un imponente castello medievale, è un luogo da non perdere, così come i musei che narrano la storia della città attraverso i secoli.

1.6 Anversa - Gioielli, Diamanti e Arte

Anversa è rinomata per essere il centro mondiale del commercio di diamanti, ma la città offre molto di più. La Cattedrale di Nostra Signora, con i capolavori di Rubens, e il quartiere dei diamanti sono solo alcuni dei luoghi che attirano visitatori da tutto il mondo.

1.7 La Fusion di Tradizione e Modernità a Liegi

Liegi, situata sulle rive della Mosa, è una città che riflette la fusione di tradizione e modernità. Il Museo Curtius, ospitato in un antico palazzo, e la moderna stazione di Guillemins sono testimoni di un passato ricco e di una visione al passo con i tempi.

1.8 Namur - La Bellezza della Vallonia

Namur, la capitale della regione della Vallonia, affascina con la sua cittadella imponente e la Cattedrale di San Pietro. Una passeggiata lungo la Maas River offre panorami incantevoli e una calma serenità.

1.9 Le Incantevoli Ardenne - Un Santuario Naturale

Per gli amanti della natura, le Ardenne offrono una fuga tranquilla tra boschi densi, fiumi serpeggianti e affascinanti villaggi. Le grotte di Han-sur-Lesse sono una tappa imperdibile, così come le escursioni nel Parco Naturale delle Haute Fagnes.

In questo primo capitolo, abbiamo appena scalfito la superficie delle meraviglie che il Belgio ha da offrire. Ogni regione, ogni città e ogni angolo del paese raccontano una storia unica, creando un mosaico affascinante che continua a intrigare e affascinare coloro che si avventurano in questa terra europea ricca di storia e cultura. Prossimamente, esploreremo in dettaglio ognuna di queste gemme, svelando i loro segreti e invitando i viaggiatori a immergersi nelle esperienze indimenticabili che il Belgio ha riservato loro.

CAPITOLO 2: BRUXELLES - LA CAPITALE DELL'EUROPA

2.1 Introduzione a Bruxelles

Benvenuti a Bruxelles, la capitale dell'Europa, un luogo vibrante e cosmopolita che cattura l'essenza della diversità europea. Questa città, che funge da crocevia culturale e politico, è un mix affascinante di storia, arte, architettura e gastronomia. Con istituzioni europee, musei di fama mondiale e una scena culinaria eccezionale, Bruxelles è una tappa obbligata per chiunque desideri esplorare il cuore pulsante del Belgio.

2.2 Le Istituzioni Europee - Cuore Politico di Bruxelles

Bruxelles è al centro dell'Unione Europea, ospitando le sedi principali della Commissione Europea e del Consiglio dell'Unione Europea. Queste istituzioni, che giocano un ruolo chiave nella governance dell'Europa, rendono Bruxelles una delle capitali politiche più importanti del mondo. I visitatori possono esplorare il quartiere europeo e ottenere uno sguardo dietro le quinte delle decisioni che plasmano il destino del continente.

2.3 Grand-Place - Un Capolavoro Architettonico

Uno dei luoghi più iconici di Bruxelles è la Grand-Place, una piazza storica circondata da edifici gotici e barocchi che narrano la storia della città. Dichiarata Patrimonio dell'Umanità dall'UNESCO, la Grand-Place è il cuore pulsante di Bruxelles e un luogo dove l'arte, la cultura e la storia si fondono in un'armonia straordinaria. Il Municipio e la Maison du Roi sono solo alcune delle straordinarie strutture che adornano questa piazza, che si anima di mercati, eventi e celebrazioni durante tutto l'anno.

2.4 La Statua di Manneken Pis - Un Simbolo Bizzarro e Affascinante

Non lontano dalla Grand-Place, si trova una delle statue più famose e curiose del Belgio: Manneken Pis. Questa statua di un bambino che fa pipì è diventata un'icona di Bruxelles e la sua storia è circondata da leggende e tradizioni. I visitatori possono osservare questa piccola statua, spesso vestita con costumi variopinti, simbolo dell'umorismo e della peculiarità che contraddistinguono la città.

2.5 La Basilica del Sacro Cuore - Panorami mozzafiato

Per coloro che cercano panorami spettacolari, la Basilica del Sacro Cuore offre una vista panoramica su Bruxelles. Situata sulla collina di Koekelberg, questa imponente chiesa art déco è la quinta più grande al mondo e rappresenta un luogo di riflessione e spiritualità. I visitatori possono salire sulla cupola per ammirare la città sottostante e godere di un'esperienza unica.

2.6 Il Parco del Cinquantenario - Una Fuga Verde

Per un momento di relax immersi nella natura, il Parco del Cinquantenario è la scelta perfetta. Questo parco monumentale, costruito per celebrare il 50º anniversario dell'indipendenza belga, offre ampi spazi verdi, musei interessanti e architetture suggestive. Un luogo ideale per una passeggiata rilassante o un picnic all'ombra degli alberi.

2.7 La Scena Artistica di Bruxelles - Musei e Gallerie di Prestigio

Bruxelles è una mecca per gli amanti dell'arte, con numerosi musei e gallerie che presentano opere di artisti famosi e emergenti. Il Museo Magritte, dedicato al celebre pittore surrealista, e il Museo reale delle Belle Arti del Belgio sono solo due esempi di istituzioni che rendono omaggio alla ricca eredità artistica del paese.

2.8 La Delizia del Cioccolato Belga

Impossibile visitare Bruxelles senza concedersi una degustazione del cioccolato belga. La città è punteggiata da cioccolaterie artigianali che offrono prelibatezze irresistibili. Dai praline alle tavolette di cioccolato, i maestri cioccolatieri di Bruxelles creano opere d'arte gustose che deliziano il palato di ogni visitatore.

2.9 I Mercati di Bruxelles - Sapori e Colori Locali

I mercati di Bruxelles offrono un'esperienza autentica, permettendo ai visitatori di immergersi nella vita quotidiana della città. Il mercato di Saint-Géry è noto per i prodotti locali freschi, mentre il mercato dell'antiquariato Place du Jeu de Balle è un paradiso per gli amanti dei tesori vintage.

2.10 La Notte di Bruxelles - Vita Notturna Vibrante

La notte, Bruxelles si trasforma in una città vibrante e dinamica, con una vita notturna che accontenta tutti i gusti. Dai bar e pub tradizionali ai locali alla moda, la città offre un'ampia gamma di opzioni per chi desidera vivere la notte al ritmo di una città cosmopolita.

In conclusione, Bruxelles è una città che incanta con la sua diversità e il suo dinamismo. La sua posizione centrale, le istituzioni europee, la storia avvincente e la vivace scena culturale la rendono una destinazione unica. Sia che tu stia esplorando la Grand-Place, assaporando il cioccolato belga o scoprendo le opere d'arte nei musei, Bruxelles offre un'esperienza indimenticabile che rimarrà nei ricordi di ogni viaggiatore.

CAPITOLO 3: BRUGES - LA VENEZIA DEL NORD

3.1 Introduzione a Bruges

Bruges, conosciuta come la "Venezia del Nord", è una città incantevole che trasporta i visitatori in un mondo fiabesco attraverso i suoi canali pittoreschi, le case a graticcio e le atmosfere medievali.
Situata nella regione delle Fiandre occidentali, questa città belga è una gemma nascosta che attrae viaggiatori con il suo fascino senza tempo e la sua architettura ben conservata.

3.2 Canali Pittoreschi - Una Vista da Cartolina

Uno degli aspetti più affascinanti di Bruges è il suo intrico di canali, che attraversano la città creando un paesaggio da cartolina. Una passeggiata lungo le rive dei canali offre una prospettiva unica sulla città, con le case medievali che si riflettono nelle acque tranquille. Gli amanti della fotografia troveranno in ogni angolo di Bruges un'opportunità per catturare immagini indimenticabili.

3.3 Architettura Medievale - Un Viaggio nel Tempo

Bruges vanta un ricco patrimonio di architettura medievale splendidamente conservata. La piazza principale, la Markt, è circondata da edifici imponenti e la sua torre campanaria, il Belfort, offre una vista panoramica sulla città. Passeggiare per le strette strade acciottolate di Bruges è come fare un viaggio nel tempo, tra case a graticcio, chiese antiche e piazze romantiche.

3.4 La Basilica del Sangue - Un Santuario Sacro

Uno dei luoghi più venerati di Bruges è la Basilica del Sangue, un edificio sacro che conserva una reliquia della croce su cui, secondo la leggenda, fu raccolto il sangue di Gesù. La basilica è un capolavoro di architettura gotica e affascina i visitatori non solo per la sua importanza religiosa, ma anche per la sua bellezza intrinseca.

3.5 Gli Spettacolari Mulini a Vento

Bruges è famosa anche per i suoi mulini a vento, che punteggiano l'orizzonte della città. I mulini a vento di Bruges sono più di una semplice attrazione pittoresca; rappresentano una parte importante della storia e dell'identità di questa città. Salire su uno di questi mulini offre una vista straordinaria sulla città e sui campi circostanti.

3.6 Gli Elementi dell'Arte Fiamminga - Musei e Gallerie

Bruges ha una ricca tradizione artistica legata all'arte fiamminga. Il Groeningemuseum ospita una vasta collezione di opere d'arte fiamminga, dai primitivi fiamminghi a pittori più moderni. La città stessa è un quadro vivente, con artisti di strada, gallerie d'arte e botteghe artigianali che rendono omaggio alla sua eredità artistica.

3.7 Giro in Battello - Un'Esperienza Indimenticabile

Una delle attività più romantiche che Bruges offre è un giro in battello lungo i suoi canali. Questa esperienza permette ai visitatori di ammirare la città da una prospettiva unica, passando sotto i ponti bassi e accanto alle case storiche. Durante il giro, le guide narrano storie affascinanti sulla storia di Bruges, aggiungendo un tocco di magia all'esperienza.

3.8 Culinaria e Delizie Locali

Bruges è anche famosa per la sua cucina deliziosa. I ristoranti locali offrono piatti tradizionali fiamminghi, come lo stoofvlees (stufato di carne) e le mitiche patatine fritte. Inoltre, non si può visitare Bruges senza assaporare i famosi cioccolatini locali. Le cioccolaterie artigianali di Bruges sono celebri per la loro maestria nella creazione di prelibatezze cioccolatose che soddisfano i palati più esigenti.

3.9 Eventi e Festival - Bruges Animata

Bruges non è solo affascinante di giorno, ma anche animata di notte. La città ospita numerosi eventi e festival durante tutto l'anno, dalla musica classica ai festival di birra. Il Festival del Cinema di Bruges, ad esempio, attira cinefili da tutto il mondo, mentre il Festival delle Luci trasforma la città in un'atmosfera magica durante le serate invernali.

3.10 Alloggi Accoglienti - Una Casa Lontano da Casa

Per completare l'esperienza, Bruges offre una varietà di alloggi accoglienti che spaziano da romantici bed and breakfast a hotel lussuosi. Soggiornare in una struttura storica o in un affascinante bed and breakfast contribuisce a immergersi appieno nell'atmosfera unica di questa città.

In conclusione, Bruges è un tesoro da scoprire, un luogo dove la bellezza e la storia si intrecciano per creare un'esperienza indimenticabile. Attraverso i suoi canali pittoreschi, la sua architettura medievale e i suoi deliziosi cioccolatini, Bruges incanta i visitatori, offrendo loro una fuga romantica nel cuore delle Fiandre. Che tu stia passeggiando lungo i canali o degustando le specialità locali, Bruges è destinata a rimanere nel tuo cuore come una delle città più affascinanti del Belgio.

CAPITOLO 4: GAND - ARTE E STORIA FUSI INSIEME

4.1 Introduzione a Gand

Gand, con la sua maestosa presenza e la sua storia intrisa di fascino, è una delle gemme culturali del Belgio. Situata nella regione delle Fiandre, questa città si erge con una combinazione affascinante di arte, storia e architettura. Gand è un luogo dove il passato e il presente si intrecciano, creando un'atmosfera unica che cattura l'immaginazione di chiunque si avventuri tra le sue strade acciottolate.

4.2 Il Gravensteen - Una Fortezza Medievale Impressionante

Uno dei simboli più iconici di Gand è il Gravensteen, un castello medievale che risale al IX secolo. Questa imponente fortezza, circondata da un fossato, domina il panorama della città. Il Gravensteen, letteralmente "Castello del Conte", fu costruito come simbolo di potere e controllo. I visitatori possono esplorare le torri, le prigioni e le mura del castello, ottenendo uno sguardo avvincente sulla vita medievale.

4.3 L'Atmosfera Artistica di Gand - Un Caldeggio di Creatività

Gand è una città che ha sempre ispirato artisti, scrittori e pensatori. L'atmosfera artistica è palpabile nelle strade, nei caffè e nei numerosi spazi dedicati alla creatività. Artisti di strada colorano le piazze con le loro esibizioni, mentre le gallerie d'arte espongono opere contemporanee e tradizionali. Gand è un caldeggio di creatività, un luogo dove l'arte è viva e pulsante.

4.4 Il Museo delle Belle Arti - Un Tesoro Artistico

Il Museo delle Belle Arti di Gand è una tappa obbligata per gli amanti dell'arte. Questa istituzione ospita una vasta collezione di opere che spaziano dal Medioevo al contemporaneo. Capolavori di artisti fiamminghi come Jan Van Eyck e Hieronymus Bosch si mescolano a opere di pittori moderni, creando un percorso attraverso l'evoluzione artistica di questa regione.

4.5 La Cattedrale di San Bavone - Un Capolavoro Gotico

La Cattedrale di San Bavone è un altro gioiello artistico di Gand. Questo imponente edificio gotico risale al XIII secolo e ospita una serie di opere d'arte notevoli, tra cui la celebre "Adorazione dell'Agnello Mistico" di Jan Van Eyck. La cattedrale è anche famosa per la vista panoramica dalla sua torre, che offre una prospettiva unica sulla città.

4.6 Il Belfort di Gand - Un Altro Iconico Campanile

Accanto alla Cattedrale di San Bavone si trova il Belfort di Gand, un campanile medioevale alto 91 metri che domina il cielo di Gand. Costruito nel XIV secolo, il Belfort è un simbolo di orgoglio e indipendenza per i cittadini di Gand. Salire i suoi gradini ripidi è una sfida, ma la vista panoramica sulla città e sulle sue torri è una ricompensa senza pari.

4.7 La Ghent University - Un Faro di Conoscenza

Gand è sede di una delle università più prestigiose del Belgio, la Ghent University. Fondata nel 1817, l'università è un faro di conoscenza e innovazione. I suoi campus sono arricchiti da architetture storiche e moderne, creando un ambiente accademico stimolante.

4.8 Il Castello dei Conti di Fiandra - Storia Incarnata

Oltre al Gravensteen, Gand è anche arricchita dal Castello dei Conti di Fiandra, un altro imponente edificio medievale che racconta la storia del potere e della nobiltà in questa regione. Le sue torri, cortili e sale sono un affascinante viaggio nel passato, immergendo i visitatori nell'atmosfera di un'epoca passata.

4.9 Il Gentse Feesten - Un Festival di Vita e Cultura

Il Gentse Feesten, il Festival di Gand, è uno degli eventi culturali più grandi d'Europa. Ogni anno, la città si anima con spettacoli dal vivo, concerti, eventi teatrali e attività per tutta la famiglia. Questa celebrazione è un'opportunità per immergersi nella cultura vivace di Gand e sperimentare l'ospitalità e la gioia della comunità locale.

4.10 Il Fiume Lys - Un'Atmosfera Rilassante

Il fiume Lys scorre attraverso Gand, aggiungendo un tocco di tranquillità alla città. Le rive del fiume offrono spazi verdi dove i residenti e i visitatori possono rilassarsi, fare una passeggiata o godersi una crociera panoramica. Il fiume Lys diventa una sorta di via d'acqua tranquilla che abbraccia la città e contribuisce alla sua atmosfera rilassante.

4.11 Gastronomia Gandese - Delizie nei Sapori Locali

La gastronomia di Gand è un'esperienza di per sé. I ristoranti locali offrono piatti tradizionali fiamminghi, come il Waterzooi (uno stufato di carne o pesce), che deliziano i palati dei visitatori. Gand è anche famosa per le sue birre artigianali, che possono essere gustate nei numerosi pub storici della città.

4.12 Alloggi Unici - Dormire tra le Storie di Gand

Gand offre una vasta gamma di alloggi unici, che vanno da affascinanti bed and breakfast in edifici storici a hotel moderni. Soggiornare in un edificio con una storia intrisa di passato contribuisce a immergersi appieno nell'atmosfera di questa città affascinante.

In conclusione, Gand è un'armoniosa fusione di arte e storia, un luogo dove ogni strada, ogni chiesa e ogni castello racconta una storia affascinante. Con i suoi musei di fama mondiale, le imponenti fortezze medievali e l'atmosfera artistica vibrante,

Gand invita i visitatori a un viaggio nel cuore delle Fiandre, svelando i segreti di una città ricca di cultura e fascino. Che tu stia esplorando il Gravensteen, ammirando opere d'arte nei musei o semplicemente passeggiando lungo le rive del fiume Lys, Gand offre un'esperienza che rimarrà impressa nella memoria di chiunque abbia il privilegio di scoprire questa meravigliosa città belga.

CAPITOLO 5: ANVERSA - TESORI ARTISTICI E IL DIAMANTE

5.1 Introduzione a Anversa

Anversa, la città delle meraviglie fiamminghe, è rinomata per la sua ricca eredità artistica e il suo ruolo centrale nell'industria dei diamanti. Situata nella regione delle Fiandre, Anversa è un incrocio di cultura, storia e lusso scintillante. Questa città portuale ha prosperato nel corso dei secoli, diventando un centro artistico e un paradiso per gli amanti delle gioie preziose.

5.2 Il Distretto dei Diamanti - L'Abbaglio di Anversa

Anversa è universalmente riconosciuta come il centro mondiale del commercio di diamanti. Il distretto dei diamanti di Anversa, noto anche come "Diamond District", è una fucina di attività dove gioiellieri, tagliatori e commercianti si dedicano alla lavorazione e al commercio di queste pietre preziose. Le vetrine scintillanti e le gioiellerie di lusso creano un'atmosfera magica, rendendo il Diamond District un luogo straordinario per gli amanti delle gemme scintillanti.

5.3 Storia del Commercio di Diamanti di Anversa

L'epopea dei diamanti ad Anversa ha radici profonde. Nel XVI secolo, la città divenne un centro di commercio per le pietre preziose, attirando mercanti da tutto il mondo. Nel corso dei secoli, Anversa ha consolidato la sua posizione come il principale mercato mondiale per i diamanti tagliati. Oggi, il Diamond District è sinonimo di qualità, autenticità e lusso.

5.4 Il Museo dei Diamanti DIVA - Un Viaggio nel Mondo delle Gemme

Per coloro che desiderano approfondire la loro conoscenza dei diamanti, il Museo dei Diamanti DIVA è una tappa obbligata. Questo museo unico offre un viaggio coinvolgente nel mondo delle gemme, dalla loro formazione geologica alla lavorazione artigianale. Le esposizioni interattive, le pietre scintillanti e le storie affascinanti rendono il DIVA un'esperienza indimenticabile.

5.5 La Cattedrale di Nostra Signora - Capolavori di Rubens

La Cattedrale di Nostra Signora è uno dei gioielli artistici di Anversa. All'interno di questa maestosa chiesa gotica, i visitatori possono ammirare alcune delle opere più significative del maestro fiammingo Peter Paul Rubens. Il capolavoro indiscusso è il dipinto "L'Assunzione della Vergine", che domina l'altare maggiore. La cattedrale è una fusione di arte e spiritualità, offrendo una prospettiva unica sulla grandezza artistica di Anversa.

5.6 Il Museo Reale delle Belle Arti - Un Tesoro di Capolavori Fiamminghi

Il Museo Reale delle Belle Arti di Anversa è una tappa essenziale per gli appassionati d'arte. Con una vasta collezione di opere fiamminghe e olandesi dal XIV al XX secolo, il museo offre una panoramica completa della storia artistica della regione. Capolavori di artisti come Rubens, Van Dyck e Jordaens sono esposti in sale maestose, creando un percorso emozionante attraverso i secoli di creazione artistica.

5.7 Il Maestro Rubens - La Casa e l'Atelier

Anversa è intrisa della presenza artistica di Peter Paul Rubens, uno dei più grandi pittori fiamminghi del XVII secolo. La casa e l'atelier di Rubens, ora convertiti in museo, offrono una prospettiva intima sulla vita e sul lavoro di questo maestro. Le sale restaurate, gli arredi d'epoca e le opere originali creano un'atmosfera che trasporta i visitatori indietro nel tempo, aprendo finestre sulla vita quotidiana del grande artista.

5.8 Il Museo Plantin-Moretus - Stampa, Libri e Arte

Anversa è anche la città della stampa e della pubblicazione, come testimoniato dal Museo Plantin- Moretus. Questo museo è dedicato alla storia della stampa e della pubblicazione ed è ospitato nella casa e nella tipografia di Christophe Plantin, un importante stampatore del XVI secolo. I visitatori possono esplorare l'antica tipografia, ammirare rari manoscritti e scoprire l'evoluzione della produzione libraria nel corso dei secoli.

5.9 La Grote Markt - Il Cuore Storico di Anversa

La Grote Markt, o Grande Piazza, è il cuore storico di Anversa. Circondata da maestosi edifici rinascimentali e barocchi, la piazza è un luogo di incontro animato, circondato da caffè, ristoranti e boutique di lusso. La statua di Brabo, che raffigura un eroe mitologico che taglia la mano di un gigante, è una delle attrazioni della piazza.

5.10 La Casa di Pieter Paul Rubens - Un Ritiro Artistico

La Casa di Pieter Paul Rubens è un'altra testimonianza dell'importanza di questo maestro nella storia di Anversa. La casa, ora un museo, offre una visione più personale della vita di Rubens. Gli interni sontuosi, gli arredi d'epoca e i giardini ben curati trasmettono l'atmosfera in cui il grande pittore ha trovato ispirazione.

5.11 La Cittadella di Anversa - Una Fortezza Impressionante

La Cittadella di Anversa, costruita nel XVII secolo, è una testimonianza della storia militare della città. Questa imponente fortezza, circondata da fossati e bastioni, offre una prospettiva unica sulla difesa della città nel corso dei secoli. Oggi, la Cittadella è aperta ai visitatori, offrendo loro la possibilità di esplorare i suoi corridoi e di godere di una vista panoramica sulla città.

5.12 Il Museo di Arte Contemporanea (M HKA) - Creatività Moderna

Per coloro che apprezzano l'arte contemporanea, il Museo di Arte Contemporanea di Anversa (M HKA) è una tappa obbligata. Questo museo espone opere di artisti moderni e contemporanei belgi e internazionali. Le mostre rotanti garantiscono che ogni visita al M HKA sia un'esperienza unica e stimolante.

5.13 La Vita Notturna di Anversa - Divertimento e Cultura

Anversa offre anche una vibrante vita notturna, con una vasta gamma di bar, pub e locali notturni. La città si anima con musica dal vivo, eventi culturali e serate di divertimento. La zona di Het Zuid è particolarmente nota per i suoi bar alla moda e le opzioni di intrattenimento notturno.

5.14 Culinaria Anversese - Delizie nei Sapori Locali

La cucina di Anversa riflette la ricchezza della sua storia e la diversità della sua comunità. I ristoranti locali offrono piatti tradizionali fiamminghi, come lo stoemp (purea di patate con verdure) e l'anguilla affumicata. Gli appassionati di dolci non possono lasciare la città senza assaporare le waffles belghe o le caramelle tradizionali.

5.15 Alloggi di Lusso - Riposo tra Arte e Comfort

Anversa offre una vasta gamma di alloggi, dai lussuosi hotel alle affascinanti guesthouse. Molti di questi alloggi sono situati in edifici storici restaurati, offrendo ai visitatori un'opportunità unica di immergersi nella storia di Anversa. Soggiornare in una di queste strutture significa vivere l'arte e la cultura della città anche quando si riposa.

In conclusione, Anversa è una città che incanta con la sua straordinaria fusione di tesori artistici e gioielli scintillanti. Dai diamanti del Diamond District alle opere immortali di Rubens, Anversa è una destinazione che appaga gli amanti dell'arte, della storia e del lusso. Che tu stia passeggiando tra le vetrine del

Diamond District, esplorando i musei d'arte o godendo della vibrante vita notturna, Anversa offre un'esperienza completa e indimenticabile. La città, con la sua storia ricca e la sua moderna vitalità, è destinata a rimanere nel cuore di chiunque abbia il privilegio di scoprirne i segreti.

CAPITOLO 6: LIEGI - UN VIAGGIO TRA STORIA E MODERNITÀ

6.1 Introduzione a Liegi

Situata sulle rive della Mosa, Liegi è una città belga che incanta i visitatori con la sua eclettica fusione di storia e modernità. Con una storia che si estende per secoli, Liegi è diventata una destinazione che abbraccia il passato mentre abbraccia il futuro. Attraverso i suoi monumenti storici, i musei avvincenti e l'architettura contemporanea, Liegi offre un viaggio unico che spazia tra epoche e stili.

6.2 Museo Curtius - Una Finestra sul Passato

Il Museo Curtius è una delle gemme culturali di Liegi, un luogo che getta una luce vivida sulla storia della città e della regione della Vallonia. Situato in un sontuoso edificio del XVII secolo, il museo ospita una vasta collezione di oggetti d'arte, arazzi, mobili e manufatti che spaziano dal periodo medievale al XVIII secolo. I visitatori possono immergersi nelle ricchezze artistiche e storiche della regione attraverso le esibizioni sapientemente curate del Museo Curtius.

6.3 Palazzo dei Principi Vescovi - Un Esempio di Grandezza Medievale

Il Palazzo dei Principi Vescovi, noto anche come Palais des Princes-Évêques, è un capolavoro dell'architettura medievale. Costruito nel XIII secolo, il palazzo serviva come residenza dei principi- vescovi di Liegi. La sua imponenza architettonica, con torri maestose e cortili eleganti, riflette la grandezza e l'influenza di coloro che governavano la città in passato. Oggi, il palazzo è aperto ai visitatori che desiderano esplorare le sue sale e affacciarsi sulla storia di Liegi.

6.4 La Collegiata di San Bartolomeo - Eleganza Gotica

La Collegiata di San Bartolomeo è un altro gioiello architettonico di Liegi. Questa chiesa gotica, costruita tra il XIII e il XV secolo, incanta i visitatori con la sua eleganza e la sua atmosfera sacra. All'interno, gli affreschi, le vetrate colorate e le sculture gotiche creano un'esperienza visiva avvincente. La collegiata è anche famosa per il suo organo, uno dei più antichi al mondo ancora in uso.

6.5 La Moderna Stazione di Guillemins - Architettura Contemporanea di Calatrava

Liegi abbraccia anche la modernità attraverso la sua spettacolare stazione ferroviaria di Guillemins, progettata dall'architetto spagnolo Santiago Calatrava. Inaugurata nel 2009, la stazione è un esempio di architettura contemporanea audace e innovativa. Le sue linee fluide, le vetrate trasparenti e la struttura impressionante creano un ambiente unico che fonde la funzionalità di una stazione ferroviaria con l'estetica avveniristica.

6.6 Il Parco di Avroy - Un'Oasi Verde nel Cuore della Città

Il Parco di Avroy offre un rifugio verde nel cuore di Liegi. Questo parco cittadino, circondato da alberi secolari e laghetti tranquilli, è un luogo ideale per una pausa rilassante. Gli abitanti locali e i visitatori possono passeggiare lungo i sentieri, rilassarsi sui prati o godersi una giornata di pic-nic sotto il sole. Il Parco di Avroy è una dimostrazione di come Liegi abbia saputo bilanciare la modernità con il rispetto per l'ambiente e il patrimonio naturale.

6.7 La Montagne de Bueren - Una Scalata Panoramica

La Montagne de Bueren è una delle attrazioni più insolite di Liegi. Questa scalinata monumentale composta da oltre 370 gradini collega il centro della città con la Cittadella di Liegi. La salita può essere impegnativa, ma coloro che raggiungono la cima saranno ricompensati con una vista panoramica mozzafiato sulla città e oltre. La Montagne de Bueren è anche un luogo ricco di storia e leggende locali, aggiungendo fascino alla sua imponenza.

6.8 La Cittadella di Liegi - Storia Militare e Panorami Incantevoli

La Cittadella di Liegi, costruita nel XVII secolo, è un'antica fortezza che domina la città. Questa struttura imponente ha svolto un ruolo significativo nella storia militare di Liegi. Oggi, la Cittadella è aperta ai visitatori che desiderano esplorare i suoi bastioni, i suoi cortili e i suoi musei militari. La vista panoramica dalla Cittadella offre uno sguardo unico sulla città e sulle circostanti colline verdi.

6.9 Il Mercato della Batte - Un'Esperienza di Shopping Eclettica

Il Mercato della Batte è uno dei mercati più grandi e antichi d'Europa. Ogni domenica, le rive della Mosa si animano con bancarelle che offrono una vasta gamma di prodotti, dalle prelibatezze locali ai manufatti artigianali. Il mercato è un luogo ideale per immergersi nella cultura locale, assaporare cibi tradizionali e fare shopping per souvenirs unici.

6.10 La Culinaria Liegese - Gusto e Tradizione

La cucina di Liegi riflette la ricchezza della sua storia e la diversità della sua comunità. Piatti tradizionali come il Boulet à la Liégeoise (polpette in salsa di sirop de Liège) e le gaufres de Liège (waffle liegese) deliziano i palati dei visitatori. I ristoranti locali offrono una varietà di opzioni, dai bistrot accoglienti ai ristoranti di lusso, permettendo ai visitatori di assaporare la cucina locale in un'atmosfera autentica.

6.11 La Vita Notturna di Liegi - Divertimento e Cultura Dopo il

Tramonto

Liegi si anima anche dopo il tramonto con una vita notturna vibrante. I bar, i pub e i locali notturni offrono intrattenimento per tutti i gusti, dalle serate tranquille nei bar alla moda alle notti di divertimento nei club più energici. La città abbraccia la modernità anche nella sua vita notturna, offrendo una varietà di opzioni per chi cerca divertimento dopo il crepuscolo.

6.12 Alloggi Accoglienti - Soggiornare tra Storia e Comfort

Liegi offre una vasta gamma di alloggi, da affascinanti bed and breakfast a hotel di lusso. Molti di questi alloggi sono situati in edifici storici restaurati, offrendo ai visitatori un'opportunità unica di vivere la storia di Liegi anche durante il loro riposo. Soggiornare in una di queste strutture significa essere immersi nella storia e nella cultura della città.

In conclusione, Liegi si presenta come un affascinante connubio tra storia e modernità. Con il Museo Curtius che apre finestre sul passato, la stazione di Guillemins che abbraccia il futuro e la Montagne de Bueren che collega le due epoche, Liegi offre un viaggio avvincente attraverso i secoli. La città, con la sua architettura suggestiva, i suoi monumenti storici e la sua atmosfera unica, è destinata a catturare i cuori di coloro che si avventurano a esplorare questa perla nella corona del Belgio.

CAPITOLO 7: NAMUR - LA CAPITALE DELLA VALLONIA

7.1 Introduzione a Namur

Namur, incastonata lungo le sinuose rive della Mosa, sorge come la pittoresca capitale della regione della Vallonia, il cuore francofono del Belgio. Con un fascino intramontabile che si intreccia tra paesaggi fluviali e architetture storiche, Namur è una destinazione che cattura l'essenza della tradizione vallone. Attraverso la sua cittadella maestosa, la Cattedrale di San Pietro e i panorami mozzafiato lungo la Meuse River, Namur si rivela un tesoro di storia, cultura e bellezze naturali.

7.2 Cittadella di Namur - Simbolo di Potenza e Difesa

Al centro di Namur, sovrastante la città dall'alto di una collina, si erge la Cittadella di Namur. Questa imponente fortezza, con le sue mura imponenti e le torri maestose, è stata testimone di secoli di storia e di conflitti. Costruita nel corso dei secoli, la Cittadella ha giocato un ruolo cruciale nelle vicende militari della regione. Oggi, i visitatori possono esplorare le sue mura, le casematte e godere di una vista panoramica che abbraccia Namur e oltre.

7.3 Panorami dalla Cittadella - Namur ai Tuoi Piedi

Salire alla Cittadella di Namur è un'esperienza che offre non solo una vista mozzafiato sulla città, ma anche la possibilità di immergersi nella storia militare del Belgio. Le mura della

Cittadella raccontano storie di assedi, battaglie e strategie di difesa. Da ogni angolo della fortezza, i visitatori sono accolti da panorami suggestivi che si estendono fino alle colline circostanti e alla valle della Mosa.

7.4 La Meuse River - Un Affascinante Scorcio Fluviale

La Meuse River serpeggia dolcemente attraverso Namur, aggiungendo un tocco di serenità alla città. Una passeggiata lungo le sue rive offre una prospettiva unica sulla vita quotidiana di Namur e regala panorami affascinanti. Le barche a vela si muovono placide sulle acque, i ponti collegano le due sponde, e i caffè lungo il fiume invitano i visitatori a rilassarsi e a godere dell'atmosfera tranquilla.

7.5 La Cattedrale di San Pietro - Una Gemma Gotica

La Cattedrale di San Pietro, un capolavoro dell'architettura gotica, si erge maestosa nel cuore di Namur. Costruita tra il XV e il XVIII secolo, la cattedrale è un luogo di devozione e di bellezza architettonica. Le sue vetrate colorate, gli altari ornati e le sculture gotiche contribuiscono a creare un'atmosfera sacra e ispiratrice. La Cattedrale di San Pietro è una tappa essenziale per chi desidera immergersi nella spiritualità e nell'arte di Namur.

7.6 Il Palazzo dei Conti - Eleganza Rinascimentale

Il Palazzo dei Conti, o Hôtel de Ville, è un altro gioiello architettonico di Namur. Questo edificio rinascimentale, costruito nel XVII secolo, è la sede del governo locale e un esempio di eleganza e raffinatezza. La facciata decorata, gli interni sontuosi e la piazza circostante contribuiscono a rendere il Palazzo dei Conti un punto di riferimento inconfondibile nella città.

7.7 La Piazza del Mercato - Cuore Sociale di Namur

La Piazza del Mercato, o Place d'Armes, è il cuore pulsante di Namur. Circondata da caffè, ristoranti e negozi, la piazza è un luogo animato dove i residenti e i visitatori si riuniscono per socializzare e godere dell'atmosfera vivace. La fontana al centro della piazza aggiunge un tocco di freschezza, creando un luogo accogliente per una pausa durante l'esplorazione della città.

7.8 Il Teatro Reale - Intrattenimento Culturale

Il Teatro Reale, o Théâtre Royal, è un luogo di eccellenza per le arti sceniche a Namur. Con una storia che risale al XIX secolo, il teatro ospita spettacoli teatrali, concerti e rappresentazioni culturali. La sua architettura affascinante e la programmazione variegata lo rendono un punto di riferimento per l'intrattenimento culturale nella città.

7.9 Il Museo Felicien Rops - Un Tributo all'Arte Grafica

Il Museo Félicien Rops è dedicato all'artista namuriano del XIX secolo, noto per le sue opere grafiche audaci e provocatorie. Situato in una casa del XVIII secolo, il museo ospita una vasta collezione di opere di Rops, tra cui incisioni, disegni e dipinti. I visitatori possono esplorare la vita e l'opera di questo artista visionario, immergendosi nelle sue rappresentazioni provocatorie della società e dell'erotismo.

7.10 Le Grotte di Dinant - Un Viaggio nel Sottosuolo

A breve distanza da Namur si trovano le Grotte di Dinant, una rete di caverne sotterranee che offrono un'esperienza avvincente di esplorazione. Le grotte, formate nel corso di milioni di anni, presentano stalattiti e stalagmiti spettacolari. Un tour guidato permette ai visitatori di scoprire il mondo nascosto sotto la superficie e di ammirare la bellezza naturale delle formazioni calcaree.

7.11 Gastronomia Namuriana - Sapori Autentici

La gastronomia di Namur riflette la ricchezza della sua regione. I ristoranti locali offrono piatti tradizionali valloni, come lo Jambon d'Ardenne (prosciutto delle Ardenne) e il Fromage de Herve (formaggio di Herve). Le brasserie e i caffè lungo la Meuse River offrono anche una varietà di piatti della cucina belga, permettendo ai visitatori di assaporare autentici sapori locali.

7.12 Vita Notturna a Namur - Atmosfera Rilassata

Namur offre anche una vita notturna rilassata e accogliente. I bar e i locali notturni della città offrono una varietà di opzioni, dalle serate tranquille nei pub alle notti di divertimento nei locali alla moda. La tranquilla atmosfera serale lungo le rive della Meuse River è perfetta per chi desidera godersi una serata tranquilla in compagnia di amici o famiglia.

7.13 Alloggi a Namur - Confortevoli e Accoglienti

Namur dispone di una gamma diversificata di alloggi, dai boutique hotel ai bed and breakfast accoglienti. Molte delle opzioni di alloggio si trovano nelle vicinanze dei principali luoghi d'interesse, offrendo ai visitatori la comodità di esplorare la città a piedi. L'atmosfera accogliente di Namur si riflette anche negli alloggi, garantendo un soggiorno confortevole e piacevole.

In conclusione, Namur si rivela come una capitale vallone che abbraccia con grazia il suo patrimonio storico e naturale. Con la Cittadella che veglia sulla città, la Meuse River che offre una vista incantevole e la Cattedrale di San Pietro che incanta con la sua eleganza gotica, Namur è una destinazione che incanta i visitatori con il suo equilibrio tra tradizione e modernità. La città, avvolta nel suo ambiente fluviale e circondata da opere architettoniche imponenti, è pronta ad accogliere coloro che cercano un viaggio autentico attraverso la Vallonia belga.

CAPITOLO 8: LE ARDENNE - NATURA E AVVENTURA

8.1 Introduzione alle Ardenne

Le Ardenne, una regione montuosa che attraversa Belgio, Lussemburgo, Francia e Germania, si ergono come un paradiso naturale per gli amanti dell'avventura e della tranquillità. Con il suo paesaggio incantevole, le foreste dense e le attività all'aria aperta, le Ardenne offrono una fuga dalla frenesia urbana e una connessione con la natura selvaggia. In questo capitolo, esploreremo le meraviglie delle Ardenne, concentrandoci sulle grotte di Han-sur-Lesse e sul Parco Naturale delle Haute Fagnes.

8.2 Esplorare le Grotte di Han-sur-Lesse

Le grotte di Han-sur-Lesse sono uno dei gioielli naturali delle Ardenne. Situate nella valle del fiume Lesse, queste grotte sotterranee offrono un viaggio unico nel cuore della terra. Il tour delle grotte consente ai visitatori di esplorare impressionanti formazioni di stalattiti e stalagmiti, illuminate in modo suggestivo, mentre una barca li conduce attraverso un fiume sotterraneo. La temperatura costante delle grotte aggiunge un tocco di mistero a questa esperienza affascinante, che permette di scoprire il mondo sotterraneo delle Ardenne.

8.3 Il Viaggio Attraverso le Grotte di Han

Il viaggio attraverso le grotte di Han-sur-Lesse inizia con una discesa sotto la superficie terrestre, trasportando i visitatori in un regno di silenzio e oscurità. Le guide esperte conducono il gruppo attraverso le diverse camere, rivelando le formazioni più spettacolari e spiegando la storia geologica delle grotte. La "Sala del Domenico" e la "Galleria delle Mille e Una Notte" sono solo alcune delle impressionanti sezioni delle grotte che catturano l'immaginazione dei visitatori.

8.4 La Sala del Domenico - Stalattiti e Stalagmiti in Armonia

La Sala del Domenico è una delle sale più suggestive delle grotte di Han-sur-Lesse. Qui, le stalattiti pendono dal soffitto come sculture naturali, formando un vero e proprio balletto di pietra. Le stalagmiti emergono dal pavimento in una danza armoniosa, creando un paesaggio sotterraneo di rara bellezza. La luce soffusa mette in risalto i dettagli di queste formazioni calcaree, regalando ai visitatori un'esperienza visiva unica.

8.5 La Galleria delle Mille e Una Notte - Un Viaggio Incantato

La Galleria delle Mille e Una Notte è un altro punto culminante del percorso attraverso le grotte. Il nome stesso evoca un senso di magia e meraviglia, e la realtà non delude. La luce artificiale crea un'atmosfera da favola, illuminando le formazioni rocciose con tonalità cangianti. I visitatori possono lasciarsi trasportare in un viaggio incantato attraverso questo regno sotterraneo, ammirando le forme e i colori unici delle grotte di Han-sur-Lesse.

8.6 La Sala del Drappo - Tesori Nascosti

La Sala del Drappo è un'altra attrazione delle grotte, così chiamata a causa di un antico drappo che fu scoperto al suo interno. Oltre alla storia intrigante, questa sala offre una visione spettacolare di stalattiti e stalagmiti. La disposizione di queste formazioni crea un effetto visivo straordinario, regalando ai visitatori una sensazione di meraviglia e stupore.

8.7 Il Fiume Sotterraneo - Un Viaggio in Barca nel Buio

Uno degli elementi distintivi delle grotte di Han-sur-Lesse è il tratto di fiume sotterraneo navigabile. I visitatori si imbarcano su barche silenziose, guidate da esperti rematori, per una parte del tour che aggiunge un elemento di avventura e mistero. Mentre le barche si muovono dolcemente attraverso il fiume, è possibile ammirare le grotte da una prospettiva unica, rivelando angoli nascosti e affascinanti.

8.8 Il Parco Naturale delle Haute Fagnes - Immersione nella Natura

Dalla profondità delle grotte, passiamo alla vastità del Parco Naturale delle Haute Fagnes. Questo parco nazionale, situato nella regione delle Ardenne, è una riserva naturale che copre un'ampia area di lande, torbiere e boschi. Gli amanti della natura possono esplorare i sentieri che si snodano attraverso questo paesaggio unico, scoprendo una varietà di flora e fauna.

8.9 La Torbiera di Botrange - Punto Culminante delle Haute Fagnes

La Torbiera di Botrange è uno dei punti culminanti delle Haute Fagnes. Situata a un'altitudine di 694 metri, questa torbiera è il punto più alto del Belgio. I visitatori possono salire sulla torre di osservazione per godere di una vista panoramica mozzafiato sulla regione circostante. La torbiera stessa è un ecosistema unico, con una vegetazione adattata alle condizioni uniche di questo ambiente di montagna.

8.10 Attività all'Aperto - Escursioni, Ciclismo e Osservazione della Fauna

Il Parco Naturale delle Haute Fagnes offre una vasta gamma di attività all'aperto. Gli appassionati di escursionismo possono percorrere sentieri che attraversano boschi e lande, scoprendo angoli remoti e paesaggi suggestivi. I ciclisti troveranno percorsi adatti alle loro esigenze, mentre gli amanti della natura possono dedicarsi all'osservazione della fauna, che include specie uniche di uccelli, mammiferi e piante.

8.11 Lago di Robertville - Bellezza Serena

Il Lago di Robertville, situato nelle vicinanze delle Haute Fagnes, aggiunge una nota di serenità al paesaggio. Con le sue acque tranquille e circondato da boschi lussureggianti, il lago offre un luogo ideale per rilassarsi e godersi la bellezza della natura circostante. I visitatori possono fare passeggiate intorno al lago o noleggiare una barca per esplorare le sue acque placide.

8.12 La Cucina delle Ardenne - Sapori Rustici

Dopo un'intensa giornata all'aperto, niente è più appagante di una cena che riflette la tradizione gastronomica delle Ardenne. La cucina delle Ardenne si distingue per i sapori rustici e autentici. Piatti come lo Jambon Ardennais (prosciutto delle Ardenne) e il Pâté Ardennais (pate delle Ardenne) sono esempi del cibo delizioso e saporito che caratterizza questa regione montuosa.

8.13 Vita Notturna nelle Ardenne - Calma e Relax

Nelle Ardenne, la vita notturna è caratterizzata dalla calma e dal relax. Gli alberghi e le locande della regione offrono un ambiente accogliente, dove gli ospiti possono rilassarsi in un'atmosfera tranquilla dopo una giornata all'aperto. Alcuni luoghi offrono anche cene a tema, permettendo ai visitatori di assaporare la cucina locale in un ambiente accogliente e autentico.

8.14 Alloggi nelle Ardenne - Connettiti con la Natura

Gli alloggi nelle Ardenne variano da accoglienti bed and breakfast a chalet in mezzo alla foresta. Molte strutture sono progettate per integrarsi armoniosamente con l'ambiente naturale circostante, permettendo ai visitatori di connettersi con la natura anche quando sono al riposo. Dormire nel silenzio della foresta o svegliarsi con la vista di una valle verde sono esperienze che rendono il soggiorno nelle Ardenne unico e memorabile.

In conclusione, le Ardenne si presentano come un paradiso per gli amanti della natura e dell'avventura. Dalle grotte misteriose di Han-sur-Lesse alle lande selvagge delle Haute Fagnes, questa regione incanta i visitatori con la sua bellezza naturale e la varietà di attività all'aperto. Sia che si stia esplorando il mondo sotterraneo delle grotte o immergendosi nella tranquillità del Parco Naturale delle Haute Fagnes, le Ardenne offrono un'esperienza autentica e indimenticabile per coloro che cercano una fuga nella natura selvaggia del Belgio.

CAPITOLO 9: LE SPIAGGE DELLA COSTA BELGA

9.1 Introduzione alla Costa Belga

La Costa Belga, una striscia di litorale affacciata sul Mare del Nord, si distingue per le sue spiagge sabbiose, lungomari affascinanti e una vivace atmosfera estiva. Località balneari come Knokke-Heist e Oostende attirano visitatori in cerca di relax, divertimento e sole lungo la costa settentrionale del Belgio. In questo capitolo, esploreremo le delizie della Costa Belga, dall'atmosfera rilassante delle spiagge alla vivace vita notturna che caratterizza le serate estive.

9.2 Knokke-Heist - L'Eleganza Sulla Spiaggia

Knokke-Heist, una delle località più prestigiose della Costa Belga, offre una combinazione di eleganza e divertimento sulla spiaggia. Le sue ampie spiagge di sabbia fine sono il luogo ideale per rilassarsi sotto il sole o partecipare a attività acquatiche. I visitatori possono anche passeggiare lungo il lungomare, ammirando le eleganti residenze sulla spiaggia e godendo di una vista spettacolare sul Mare del Nord.

9.3 Spiaggia di Knokke-Heist - Relax e Divertimento

La spiaggia di Knokke-Heist si estende per chilometri lungo la costa, offrendo spazio sufficiente per chi desidera rilassarsi e godersi la tranquillità del mare. I visitatori possono noleggiare lettini e ombrelloni per una giornata di puro relax o partecipare a attività come il beach volley e il windsurf. La presenza di stabilimenti balneari offre servizi e comfort per rendere l'esperienza in spiaggia ancora più piacevole.

9.4 Lungomare di Knokke-Heist - Eleganza sul Mare

Il lungomare di Knokke-Heist è una passeggiata elegante lungo la costa, caratterizzata da boutique di lusso, caffè alla moda e ristoranti con vista sul mare. La passeggiata offre un'atmosfera cosmopolita, con artisti di strada e spettacoli che intrattengono i visitatori. La sera, le luci lungo il lungomare creano un'atmosfera romantica, invitando a passeggiate serali sotto le stelle.

9.5 Oostende - Una Spiaggia Viva

Oostende, una delle località più popolari della Costa Belga, si distingue per la sua spiaggia vivace e la varietà di attività offerte. La spiaggia di sabbia dorata di Oostende è spesso animata da eventi estivi, concerti e attività sportive. La città stessa ha una lunga storia come destinazione balneare e il suo lungomare offre una combinazione affascinante di tradizione e modernità.

9.6 Spiaggia di Oostende - Divertimento e Relax

La spiaggia di Oostende è un luogo di incontro per turisti e residenti, offrendo uno spazio accogliente per famiglie, coppie e gruppi di amici. Gli stabilimenti balneari offrono servizi come noleggio di lettini, ombrelloni e attrezzature per sport acquatici. La presenza di spiagge attrezzate fa sì che i visitatori possano trascorrere intere giornate sotto il sole, godendo della brezza marina e del suono rilassante delle onde.

9.7 Lungomare di Oostende - Una Passeggiata tra Storia e Modernità

Il lungomare di Oostende è un connubio affascinante tra storia e modernità. Lungo la passeggiata, i visitatori possono ammirare eleganti edifici d'epoca, come il Kursaal, un iconico complesso architettonico che unisce intrattenimento e cultura. Allo stesso tempo, nuovi progetti architettonici e installazioni artistiche aggiungono una nota contemporanea, creando un ambiente equilibrato tra passato e presente.

9.8 Eventi Estivi - Animazione Lungo la Costa

La Costa Belga si anima durante la stagione estiva con una serie di eventi che aggiungono un tocco di divertimento e intrattenimento. Concerti sulla spiaggia, festival gastronomici e spettacoli notturni creano un'atmosfera festosa. Oostende, in particolare, è conosciuta per il suo festival annuale di fuochi d'artificio, che colora il cielo notturno con spettacolari giochi pirotecnici.

9.9 Attività Acquatiche - Avventura in Mare

Per coloro che cercano un po' di avventura in mare, la Costa Belga offre una varietà di attività acquatiche. Il windsurf e il kitesurf sono popolari grazie alle condizioni ideali offerte dalla costa. Le scuole di surf lungo la spiaggia forniscono lezioni per principianti e attrezzature per coloro che vogliono provare qualcosa di nuovo e emozionante.

9.10 La Vita Notturna Estiva - Locali e Beach Club

La Costa Belga si trasforma quando il sole tramonta, dando il via a una vivace vita notturna estiva. I locali lungo il lungomare offrono cocktail rinfrescanti e musica dal vivo, mentre i beach club sulla spiaggia invitano a ballare sotto le stelle. Knokke-Heist e Oostende sono noti per i loro locali alla moda e le serate animate, rendendo le notti estive altrettanto vibranti delle giornate al sole.

9.11 Cucina Costiera - Gusti di Mare

La cucina lungo la Costa Belga riflette l'influenza del mare. I ristoranti sulla spiaggia offrono piatti a base di pesce fresco, gamberi, cozze e altri frutti di mare. I visitatori possono gustare specialità locali come l'anguilla affumicata, il pesce arrosto e le patatine fritte, accompagnate da una selezione di birre belghe. La vista sul mare aggiunge un tocco speciale a ogni esperienza gastronomica.

9.12 Alloggi sulla Costa - Dal Lusso alla Convenienza

La Costa Belga offre una vasta gamma di opzioni di alloggio per soddisfare le esigenze di ogni tipo di viaggiatore. Hotel di lusso con vista sul mare offrono comfort e servizi di alta qualità, mentre bed and breakfast accoglienti consentono di vivere un'esperienza più intima. Campeggi e residence vacanze forniscono soluzioni convenienti per coloro che desiderano immergersi completamente nella vita balneare.

9.13 Escursioni nelle Vicinanze - Esplorare l'Entroterra

Per coloro che desiderano esplorare oltre le spiagge, la Costa Belga offre escursioni nelle vicinanze. Knokke-Heist è a breve distanza dalla città medievale di Bruges, mentre Oostende permette di esplorare la città storica di Ghent. Queste escursioni aggiungono una dimensione culturale al soggiorno balneare, consentendo ai visitatori di immergersi nella ricca storia e nell'architettura affascinante delle città limitrofe.

In conclusione, la Costa Belga si presenta come una destinazione completa, con spiagge sabbiose, lungomari eleganti e una vivace vita notturna estiva. Knokke-Heist e Oostende offrono un equilibrio perfetto tra relax sulla spiaggia e attività dinamiche, creando un'esperienza balneare che soddisfa una vasta gamma di interessi. Che si tratti di rilassarsi al sole, partecipare a eventi estivi o godersi la cucina costiera, la Costa Belga invita i visitatori a creare ricordi indimenticabili lungo le sue affascinanti rive.

CAPITOLO 10: LA GRANDE GUERRA - ITINERARIO STORICO

10.1 Introduzione all'Itinerario Storico della Grande Guerra

Per coloro che condividono un interesse profondo per la storia militare, un itinerario attraverso i siti storici della Grande Guerra offre un'esperienza commovente ed educativa. Nelle campagne fiamminghe, luoghi come Ypres e Passchendaele raccontano storie di coraggio, sacrificio e resilienza durante uno dei conflitti più devastanti della storia mondiale. Questo itinerario storico è un omaggio ai soldati caduti e un'opportunità per comprendere appieno l'impatto della Prima Guerra Mondiale sulla regione.

10.2 Ypres - Il Cuore Storico della Grande Guerra

Ypres, una delle città più colpite durante la Grande Guerra, è un punto di partenza cruciale per l'itinerario storico. Il suo centro storico conserva le cicatrici del conflitto, mentre numerosi monumenti commemorativi testimoniano la ferocia degli scontri. La famosa Menin Gate, con i nomi di migliaia di soldati senza sepoltura scritti sulle sue pareti, è un luogo di riflessione e commemorazione.

10.3 Menin Gate - Testimonianza Silenziosa di Sacrificio

La Menin Gate a Ypres è un memoriale imponente dedicato a oltre 54.000 soldati alleati che non hanno una tomba conosciuta. Ogni sera, la cerimonia della Last Post viene eseguita sotto l'arco della

Menin Gate, una tradizione ininterrotta dal 1928. Questo gesto solenne attira visitatori da tutto il mondo, creando un legame tangibile tra il presente e il passato.

10.4 In Flanders Fields Museum - Testimonianza Vivente della Guerra

L'In Flanders Fields Museum a Ypres offre una testimonianza completa della Grande Guerra. Attraverso esposizioni interattive, fotografie d'epoca e reperti autentici, il museo trasporta i visitatori nel contesto storico del conflitto. Percorrendo le sale del museo, si può ottenere una comprensione più profonda delle condizioni dei soldati, delle tattiche di guerra e delle conseguenze devastanti della Prima Guerra Mondiale.

10.5 Passchendaele - Il Ricordo di una Battaglia Epica

Passchendaele, un nome che evoca il terrore e la brutalità della guerra, è un altro tassello essenziale di questo itinerario storico. La Battaglia di Passchendaele, combattuta nei dintorni di Ypres, è stata una delle più sanguinose della Grande Guerra. Il cimitero di Tyne Cot, il più grande cimitero di guerra britannico del mondo, commemora oltre 11.900 soldati caduti.

10.6 Cimitero di Tyne Cot - Silenzio e Rispetto

Il Cimitero di Tyne Cot è un luogo di pace e silenzio, dove le infinite file di croci bianche si estendono come un toccante tributo ai caduti. Una parete memoriale riporta i nomi di oltre 34.000 soldati britannici senza tomba conosciuta. Il visitatore è avvolto da una sensazione di solennità, un ricordo tangibile delle vite spezzate durante la guerra.

10.7 Memorial Museum Passchendaele 1917 - Rievocare la Storia

Il Memorial Museum Passchendaele 1917 offre una profonda immersione nella storia della battaglia. Attraverso esposizioni interattive, filmati d'epoca e ricostruzioni fedeli, il museo porta i visitatori nel cuore della carneficina. Le trincee ricostruite e gli oggetti autentici donano un senso tangibile alle difficoltà affrontate dai soldati durante la battaglia.

10.8 Hill 60 - Dove la Terra Porta Ancora le Cicatrici

Hill 60, una modesta altura oggi ricoperta di verde, fu il teatro di aspri combattimenti durante la Grande Guerra. Questa collina è rimasta un monumento naturale e storico, conservando le trincee e le ferite del passato. La passeggiata attraverso il paesaggio sereno offre una prospettiva toccante su ciò che una volta fu un campo di battaglia feroce.

10.9 Essex Farm Cemetery - Dove Nacque la Poesia

Essex Farm Cemetery è famoso per essere il luogo in cui il tenente colonnello John McCrae scrisse il celebre poema "In Flanders Fields." Il cimitero ospita le tombe di oltre 1.200 soldati, e una targa commemorativa ricorda il luogo in cui McCrae trovò ispirazione per il suo toccante componimento.

10.10 Sanctuary Wood Museum Hill 62 - Trincee Conservate nel Tempo

Il Sanctuary Wood Museum Hill 62 conserva trincee autentiche della Prima Guerra Mondiale. Questo sito offre una visione dettagliata della vita nei campi di battaglia, con trincee, reticolati, e postazioni di mitragliatrici preservate nel loro stato originale. L'atmosfera del museo consente ai visitatori di immergersi completamente nel passato, apprezzando la durezza delle condizioni in cui i soldati operavano.

10.11 Talbot House - Un Rifugio per i Soldati

Talbot House, conosciuta affettuosamente come "Toc H," fu un rifugio per i soldati durante la Grande Guerra. Fondato come un luogo di incontro non confessionale, Talbot House offriva ai soldati un'atmosfera di normalità lontano dal fronte. Oggi, i visitatori possono esplorare questa casa storica e cogliere un'istantanea della vita quotidiana dei soldati durante il conflitto.

10.12 Yser Tower - Simbolo di Pace e Memoria

La Yser Tower è un monumento simbolico dedicato alla pace e alla memoria. Costruito nei pressi del fiume Yser, il monumento commemora i soldati belgi caduti durante la Grande Guerra. La vista panoramica dalla torre offre un'opportunità unica di riflessione, consentendo ai visitatori di contemplare la terra che fu teatro di così tante battaglie.

10.13 Alloggi nella Regione - Conforto Dopo una Giornata Emozionante

Dopo una giornata toccante di esplorazione, la regione offre una varietà di alloggi per riposare e riflettere sulle esperienze vissute. Alberghi e bed and breakfast nella zona rispecchiano l'ospitalità belga, offrendo comfort e un'atmosfera accogliente. Questi luoghi di soggiorno spesso conservano un legame con la storia circostante, aggiungendo un tocco autentico all'esperienza complessiva.

10.14 Cucina della Regione - Sapori Autentici

La cucina nella regione di Ypres e Passchendaele offre sapori autentici e sostanziosi. I ristoranti locali servono piatti tradizionali belgi, offrendo una pausa gustosa dopo una giornata di visite storiche. Le birre locali, rinomate in tutto il mondo, accompagnano perfettamente i pasti, offrendo ai visitatori l'opportunità di gustare alcune delle migliori birre artigianali del Belgio.

10.15 Conclusione - Un Viaggio Nella Storia

L'itinerario storico della Grande Guerra attraverso Ypres e Passchendaele offre ai visitatori un viaggio commovente e educativo attraverso uno dei periodi più bui della storia mondiale. Ogni sito storico, memoriale e museo racconta una parte della storia, celebrando la memoria dei soldati caduti e fornendo un'opportunità di riflessione sulla follia della guerra. Questo itinerario non solo onora il passato, ma offre anche una preziosa lezione di umanità, resilienza e speranza per un futuro di pace.

CAPITOLO 11: IL BELGIO GASTRONOMICO

11.1 Introduzione alla Cucina Belga

Il Belgio, noto per la sua ricca tradizione culinaria, offre un viaggio gastronomico che soddisferà anche i palati più esigenti. Tra patatine fritte croccanti, waffle irresistibili e birre artigianali dal sapore unico, il Belgio si distingue come un paradiso per gli amanti del cibo. In questo capitolo, esploreremo le delizie della cucina belga, dalla strada principale ai ristoranti stellati, scoprendo i sapori autentici che caratterizzano questa nazione europea.

11.2 Le Celebri Patatine Fritte - Un Patrimonio Nazionale

Le patatine fritte belghe sono un'icona culinaria, considerate da molti come le migliori al mondo. La tradizione di immergere le patate in olio bollente risale al XVII secolo. Ciò che le rende uniche è la doppia cottura: prima vengono cotte a bassa temperatura, poi a temperatura più alta per ottenere quella croccantezza perfetta. Da gustare con una varietà di salse, come la maionese o la salsa di andouille, le patatine fritte belghe sono un imperdibile punto di riferimento culinario.

11.3 Il Waffle Belga - Dolce Tentazione

Il waffle belga è una prelibatezza che incanta i golosi di tutto il mondo. Croccante all'esterno e soffice all'interno, il waffle belga può essere arricchito con una varietà di topping, come frutta fresca, panna montata, cioccolato fuso o zucchero a velo. Spesso consumato come street food, il waffle belga è una delizia che si può gustare in ogni angolo delle città, contribuendo a rendere la sua presenza fondamentale nella cultura gastronomica belga.

11.4 Cioccolato Belga - Piacere in Ogni Morso

Il Belgio è rinomato a livello mondiale per il suo cioccolato di alta qualità. Con una lunga tradizione cioccolatiera che risale al XIX secolo, i maestri cioccolatieri belgi sono diventati degli artisti nell'arte del cioccolato. Praline, truffes, e tablet di cioccolato sono solo alcune delle opzioni deliziose che si possono trovare nei negozi specializzati sparsi per il paese. Le praline belghe, in particolare, sono famose per la loro varietà di gusti e forme artistiche.

11.5 Birre Belghe - Una Variegata Esperienza Sensoriale

Il Belgio è una terra di birra, con una tradizione brassicola profondamente radicata. La varietà di birre belghe è straordinaria, e ogni regione ha le sue specialità. Dalle Trappiste alle birre di frutta, dalle ambrate alle triple, la birra belga offre un'esperienza sensoriale unica. Un viaggio attraverso il Belgio non è completo senza degustare alcune delle birre locali, magari abbinate ai piatti tipici per esaltare ulteriormente i sapori.

11.6 Le Trappiste - Birre Benedette

Le birre trappiste belghe sono prodotte nei monasteri gestiti dai monaci trappisti. Queste birre, tra cui famose marche come Chimay, Westvleteren e Orval, sono considerate tra le migliori al mondo. Caratterizzate dalla loro complessità aromatica, dalla ricchezza e dalla profondità di sapore, le birre trappiste offrono un'esperienza unica che riflette il savoir-faire dei monaci nella produzione birraria.

11.7 Birre Abbey - Gusto e Tradizione

Le birre abbey, ispirate alla tradizione monastica, sono un'altra gemma della scena brassicola belga. Conosciute per la loro varietà di stili, dalle dubbels alle tripels, queste birre spesso portano nomi evocativi e sono caratterizzate da sapori complessi e ricchi. Le birre abbey possono essere abbinate a piatti come formaggi a pasta dura o carni affumicate per un'esperienza gustativa completa.

11.8 Birre di Frutta - Dolci e Rinfrescanti

Le birre di frutta belghe sono apprezzate per la loro dolcezza e freschezza. Spesso realizzate con ciliegie, lampone o pesca, queste birre offrono una paletta di sapori fruttati. La Kriek, una birra di ciliegie, è particolarmente popolare e può essere gustata come accompagnamento a dessert o formaggi a pasta molle.

11.9 Gastronomia Regionale - Dai Fiamminghi alla Vallonia

La cucina belga è intrinsecamente legata alle sue regioni, con differenze culinarie significative tra Fiamminghi e Valloni. Mentre nelle Fiandre si prediligono piatti a base di carne e patate, come lo stoofvlees (stufato di carne), nella Vallonia si apprezzano specialità come la carbonnade (stufato di carne in birra) e le gaufres de Liège (waffle di Liegi) per una pausa dolce.

11.10 Stelle Michelin - L'Eccellenza della Cucina Belgica

Il Belgio è sede di numerosi ristoranti stellati Michelin, riconoscimento internazionale di eccellenza culinaria. Ristoranti come Hof van Cleve e Hertog Jan hanno guadagnato stelle Michelin grazie alla loro cucina innovativa e alla qualità degli ingredienti utilizzati. Una cena in uno di questi ristoranti è un'esperienza gastronomica di alto livello, dove chef talentuosi creano piatti che soddisfano sia il palato che gli occhi.

11.11 Festival Gastronomici - Celebrare il Cibo Belga

Il Belgio celebra la sua cucina attraverso numerosi festival gastronomici. Il Salon du Chocolat a Bruxelles è un paradiso per gli amanti del cioccolato, offrendo degustazioni, dimostrazioni e la possibilità di incontrare i maestri cioccolatieri. Il Belgian Beer Weekend, che si tiene a settembre a Bruxelles, è un'opportunità per assaporare la vasta gamma di birre belghe in un'atmosfera festosa.

11.12 Lezioni di Cucina - Un'Esperienza Pratica

Per coloro che desiderano immergersi completamente nella cucina belga, molte località offrono lezioni di cucina interattive. Qui, i partecipanti possono imparare a preparare piatti tradizionali come il moules-frites (cozze e patatine fritte) o il liege waffle sotto la guida esperta di chef locali. Queste lezioni offrono non solo una lezione pratica, ma anche un'opportunità per scoprire i segreti della cucina belga direttamente dalla fonte.

11.13 Alloggi Gastronomici - Dove il Cibo è una Priorità

Nel Belgio gastronomico, ci sono numerose opzioni di alloggio che pongono un'enfasi particolare sulla cucina. Alcuni hotel offrono pacchetti che includono degustazioni di cioccolato, visite a birrifici o cene gourmet presso ristoranti rinomati. Questi alloggi offrono un'esperienza completa, dove il cibo diventa parte integrante della vacanza.

11.14 Conclusioni - Un Viaggio nei Sapori del Belgio

Il Belgio gastronomico offre un viaggio irresistibile attraverso i sapori unici di questa Nazione culinaria. Dalle strade alle stelle Michelin, la cucina belga soddisfa ogni gusto e desiderio. Che si tratti di sorseggiare birre artigianali, gustare cioccolato raffinato o deliziarsi con piatti tradizionali, ogni boccone racconta la storia di una nazione che celebra il cibo come parte fondamentale della sua identità. Attraverso questa esperienza gastronomica, i visitatori possono davvero assaporare il Belgio in tutta la sua ricchezza e diversità culinaria.

CAPITOLO 12: LE CITTÀ TERMALI - RIGENERAZIONE E BENESSERE

12.1 Introduzione alle Città Termali del Belgio

Il Belgio, oltre alle sue ricchezze culturali e culinarie, ospita una serie di città termali che offrono ai visitatori un rifugio rigenerante. In particolare, la città termale di Spa è rinomata per le sue acque minerali curative e la lunga tradizione di trattamenti benessere. Questo capitolo ci guiderà attraverso le città termali belghe, esplorando le loro origini storiche, le proprietà curative delle acque termali e l'ampia gamma di trattamenti offerti per il benessere del corpo e della mente.

12.2 Spa - La Regina delle Città Termali

Iniziando il nostro viaggio attraverso le città termali belghe, non possiamo fare a meno di porre l'attenzione su Spa, la "Regina delle Città Termali." Situata nella regione delle Ardenne, Spa è celebre per le sue sorgenti d'acqua termale che risalgono all'antichità. Le sue acque, ricche di minerali benefici, hanno attirato visitatori da tutto il mondo desiderosi di sperimentare i vantaggi terapeutici di questo luogo unico.

12.3 Storia di Spa - Una Tradizione Millennaria

La storia di Spa risale all'epoca romana, quando le terme erano considerate luoghi sacri di guarigione e relax. Tuttavia, fu nel

XVI secolo che Spa divenne una destinazione termale rinomata, attirando aristocratici e membri della nobiltà europea. La regina Maria Teresa d'Austria fu una delle prime personalità di spicco a godere delle acque termali di Spa nel XVII secolo, consolidando la reputazione della città come luogo di benessere e lusso.

12.4 Le Acque Termali di Spa - Una Fonte di Benessere

Le acque termali di Spa sono il cuore pulsante di questa città termale. Queste sorgenti naturali sono ricche di minerali come ferro, carbonato di calcio e magnesio, che conferiscono loro proprietà curative e lenitive. Le acque termali di Spa sono particolarmente conosciute per il loro effetto positivo sulla pelle, sulla circolazione e sul sistema muscolare, rendendo gli stabilimenti termali di Spa luoghi ideali per la rigenerazione e il relax.

12.5 Les Thermes de Spa - Un'Oasi di Tranquillità

Les Thermes de Spa è uno dei centri termali più prestigiosi della città. Situato in una cornice affascinante, offre una vasta gamma di trattamenti termali, dalle piscine alle saune, ai massaggi. Gli ospiti possono immergersi nelle acque termali, rigenerarsi nelle saune panoramiche e godere di trattamenti personalizzati per il benessere totale. Il design moderno e l'atmosfera rilassante rendono Les Thermes de Spa un rifugio ideale per coloro che cercano una pausa dallo stress quotidiano.

12.6 La Fontana di Marie-Henriette - Eleganza Termale

La Fontana di Marie-Henriette è un altro gioiello di Spa. Costruita nel XIX secolo, questa sontuosa fontana celebra l'epoca d'oro delle città termali. La sua architettura elegante e la maestosità richiamano l'attenzione, fungendo da simbolo della raffinatezza e dell'eleganza associate alle tradizioni termali di Spa.

12.7 Trattamenti Benessere - Una Variegata Offerta

Le città termali belghe, inclusa Spa, offrono una vasta gamma di trattamenti benessere. Dai massaggi alle cure termali, dai trattamenti di bellezza alla meditazione, gli stabilimenti termali sono progettati per soddisfare le esigenze di ogni visitatore. Le tecniche moderne si fondono con antiche tradizioni, creando un'esperienza equilibrata che promuove il relax e la rigenerazione.

12.8 Chaudfontaine - Un'Altra Gemma Termale

Oltre a Spa, il Belgio ospita altre gemme termali, tra cui Chaudfontaine. Questa città termale è rinomata per la sua sorgente di acqua minerale calda, che sgorga da una profondità di oltre 1.000 metri. L'acqua termale di Chaudfontaine è naturalmente ricca di minerali, offrendo benefici simili a quelli delle acque termali di Spa.

12.9 Centre Thermal de Chaudfontaine - Rigenerazione Immersiva

Il Centre Thermal de Chaudfontaine è uno dei principali stabilimenti termali della città. Situato in un ambiente verde e sereno, il centro offre una vasta gamma di trattamenti, dalle piscine termali alle saune, dalle cure termali ai massaggi. Gli ospiti possono godere di un'esperienza immersiva nel benessere, avvolti dalla tranquillità dei dintorni naturali.

12.10 Le Fonti Termali di Chaudfontaine - Una Risorsa Naturale

Le fonti termali di Chaudfontaine sono una risorsa naturale che ha contribuito a plasmare la storia della città. La temperatura costante dell'acqua, unita alla sua composizione minerale, la rende ideale per i trattamenti benessere e per il sollievo da vari disturbi. Le strutture termali di Chaudfontaine sfruttano appieno questa risorsa, offrendo agli ospiti un'esperienza termale completa.

12.11 Ghent - Tra Cultura e Relax

Mentre Spa e Chaudfontaine sono celebri per le loro acque termali, anche altre città belghe, come Ghent, offrono un mix di cultura e relax termale. Ghent, con le sue pittoresche vie fluviali e la maestosa architettura medievale, è il luogo ideale per chi cerca un'esperienza termale arricchita da scoperte culturali.

12.12 Staminee de Garre - Birra e Relax a Ghent

La Staminee de Garre, situata a Ghent, offre una prospettiva unica sull'esperienza termale belga. Questo piccolo pub è famoso per la sua birra omonima, e i visitatori possono godere di un momento di relax sorseggiando una birra locale nelle sue affascinanti sale. Un connubio di tradizione termale e convivialità fiamminga.

12.13 Le Città Termali come Destinazioni Rigeneranti

Le città termali del Belgio vanno oltre il concetto di destinazione di benessere. Sono luoghi dove la storia, la natura e il relax si fondono armoniosamente per offrire un'esperienza completa. Le acque termali, le strutture benessere e i trattamenti personalizzati sono solo una parte di ciò che queste città hanno da offrire. Esplorare le città termali belghe significa immergersi in una tradizione millenaria, godere dei benefici delle acque curative e sperimentare il lusso e la tranquillità di luoghi che hanno attirato i visitatori per secoli.

12.14 Alloggi Termali - Soggiornare con Stile

Le città termali del Belgio offrono una gamma di alloggi che si integrano perfettamente con l'atmosfera rigenerante dell'ambiente. Dagli eleganti hotel termali alle affascinanti locande nelle vicinanze, gli ospiti possono scegliere l'opzione che meglio si adatta alle loro preferenze. Molte strutture alloggiano vicino alle sorgenti termali, consentendo agli ospiti di immergersi completamente nell'esperienza termale.

12.15 Conclusioni - Un Ritorno all'Equilibrio

Le città termali belghe offrono una via di fuga dalla frenesia quotidiana, invitando i visitatori a riscoprire l'arte della rigenerazione. In un contesto di storia, natura e benessere, le città termali come Spa e Chaudfontaine si ergono come oasi di tranquillità. Che si tratti di immergersi nelle acque termali curative, sperimentare trattamenti benessere personalizzati o semplicemente godersi l'atmosfera serena di queste località, una visita alle città termali belghe è un viaggio verso il rinnovamento e l'equilibrio.

CAPITOLO 13: GHENT FESTIVAL - UN'ESPERIENZA CULTURALE UNICA

13.1 Introduzione al Ghent Festival

Ogni luglio, la città di Ghent si anima di una vitalità straordinaria durante il Ghent Festival, un evento culturale che trasforma le strade e le piazze della città in un palcoscenico vivace. Con spettacoli teatrali, concerti, performance artistiche e festeggiamenti che abbracciano una varietà di discipline creative, il Ghent Festival è molto più di un semplice evento: è un'esperienza culturale unica che cattura l'essenza creativa e vibrante di questa città belga.

13.2 Origini e Storia del Ghent Festival

Il Ghent Festival, conosciuto localmente come "Gentse Feesten," ha radici che risalgono al XIX secolo. Quello che iniziò come una celebrazione popolare è cresciuto nel corso degli anni, trasformandosi in uno dei più grandi e affascinanti festival d'Europa. La sua storia è intrecciata con la storia stessa di Ghent, con i suoi alti e bassi, ma sempre caratterizzata da un profondo attaccamento alla cultura e alla tradizione.

13.3 Atmosfera Unica - Ghent Trasformata

Una delle caratteristiche distintive del Ghent Festival è l'atmosfera unica che si diffonde per le strade della città. Durante l'evento, Ghent si trasforma in un palcoscenico a cielo aperto, con artisti di strada, musicisti, artisti e spettacoli teatrali che si svolgono in ogni angolo. Le piazze principali come Korenmarkt e Graslei diventano il fulcro dell'attività, pulsanti di energia e creatività.

13.4 Eventi Artistici - Spettacoli per Tutti i Gusti

Il Ghent Festival offre una varietà di eventi artistici che accontentano tutti i gusti. Dai concerti di musica classica ai gruppi indie emergenti, dalle performance teatrali ai numeri di circo contemporanei, l'offerta è incredibilmente diversificata. La programmazione è curata per includere artisti locali e internazionali, garantendo un mix eclettico di talenti e spettacoli.

13.5 Processioni Storiche - Un Viaggio nel Tempo

Una delle tradizioni più affascinanti del Ghent Festival è rappresentata dalle processioni storiche che attraversano la città. Queste processioni sono un viaggio nel tempo, portando gli spettatori indietro nel medioevo e rivivendo la storia di Ghent attraverso costumi elaborati, carri a tema e performance coinvolgenti. Le processioni sono spesso accompagnate da musiche e danze che aggiungono ulteriore fascino a questa esperienza storica.

13.6 Gruppi Musicali Emergenti - La Scena Indie di Ghent

Ghent è rinomata per la sua vivace scena musicale indie, e il Ghent Festival offre una vetrina perfetta per i gruppi musicali emergenti. Band locali e internazionali si esibiscono in vari luoghi della città, dal vivo nei club ai concerti all'aperto nelle piazze principali. Questa è un'opportunità imperdibile per gli amanti della musica di scoprire nuovi talenti e immergersi nella vitalità della scena musicale di Ghent.

13.7 Arte di Strada - Espressione Creativa Senza Limiti

Il Ghent Festival è rinomato anche per la sua straordinaria arte di strada. Artisti di talento trasformano le strade della città in un museo a cielo aperto, dipingendo murales, realizzando installazioni artistiche e creando opere uniche direttamente davanti agli occhi degli spettatori.

Questa forma di espressione creativa senza limiti aggiunge un elemento di sorpresa e meraviglia alle strade già affollate del festival.

13.8 Luoghi Iconici - Palcoscenici di Ghent

Durante il Ghent Festival, la città si sviluppa in un intrico di palcoscenici, ognuno con la sua atmosfera unica. La storica Graslei, con il suo pittoresco lungofiume, diventa un palcoscenico romantico per spettacoli intimi e concerti acustici. Korenmarkt, la piazza centrale, è un epicentro di attività con concerti e festeggiamenti fino a tarda notte. Ogni angolo di Ghent contribuisce in modo speciale all'esperienza festivaliera.

13.9 La Torre di Belfort - Un Panorama Unico

Uno dei momenti salienti del Ghent Festival è la possibilità di salire alla cima della Torre di Belfort per godere di un panorama unico sulla città. Dalla cima, gli spettatori possono ammirare le strade animate, i concerti nelle piazze e l'effervescenza creativa che si diffonde attraverso Ghent. La vista spettacolare diventa un modo magico per abbracciare l'intera atmosfera del festival.

13.10 Eventi Familiari - Divertimento per Tutte le Età

Il Ghent Festival non è solo per gli adulti; offre anche eventi familiari che garantiscono divertimento per tutte le età. Spettacoli per bambini, attività creative, teatro interattivo e performance adatte alle famiglie sono parte integrante del programma. Ciò rende il festival un'opportunità per le famiglie di condividere insieme l'entusiasmo della cultura e dell'arte.

13.11 Gastronomia Festivaliera - Delizie Locali e Internazionali

Oltre all'arte e alla musica, il Ghent Festival celebra anche la gastronomia. Gli stand di cibo sparsi per la città offrono delizie locali e internazionali, permettendo agli spettatori di assaporare prelibatezze mentre godono degli spettacoli. Dai classici piatti fiamminghi ai cibi street food internazionali, l'offerta gastronomica è un viaggio culinario che si abbina perfettamente all'esperienza culturale complessiva.

13.12 La Serata di Chiusura - Un Finale Spettacolare

La serata di chiusura del Ghent Festival è sempre uno spettacolo memorabile. I fuochi d'artificio illuminano il cielo sopra i canali, mentre concerti e performance chiudono in bellezza l'evento. La serata di chiusura è un momento di festa condiviso da residenti e visitatori, un'ultima occasione per immergersi nell'atmosfera unica del festival prima che le luci si spengano.

13.13 Sostenibilità e Inclusione - Valori Chiave

Il Ghent Festival non è solo una celebrazione dell'arte e della cultura, ma anche un evento che abbraccia valori di sostenibilità e inclusione. Molti sforzi sono fatti per ridurre l'impatto ambientale dell'evento, promuovere l'accessibilità e coinvolgere la comunità locale. Questo approccio responsabile contribuisce a rendere il Ghent Festival un modello di celebrazione culturale che tiene conto delle esigenze del pianeta e della società.

13.14 Alloggi Durante il Festival - Vivere l'Atmosfera a Pieno

Per coloro che vogliono vivere appieno l'atmosfera del Ghent Festival, numerosi alloggi sono disponibili nelle vicinanze delle principali sedi dell'evento. Hotel storici, bed and breakfast accoglienti e appartamenti pittoreschi offrono opzioni per tutti i gusti e budget, consentendo agli ospiti di immergersi completamente nell'esperienza del festival.

13.15 Conclusioni - Un'Immersione Culturale Indimenticabile

Il Ghent Festival è molto più di un semplice evento estivo; è un'immersione culturale indimenticabile che cattura il cuore e l'anima di Ghent. Con la sua atmosfera vibrante, la varietà di spettacoli e la partecipazione attiva della comunità, il festival si distingue come una celebrazione unica. Per chiunque voglia vivere la cultura in un modo autentico e coinvolgente, il Ghent

Festival rappresenta un appuntamento imperdibile, offrendo un'esperienza che lascia un'impronta duratura nella memoria di coloro che partecipano.

CAPITOLO 14: I MULINI A VENTO DI KINDERDIJK - UN PATRIMONIO IDRAULICO UNICO

14.1 Introduzione ai Mulini a Vento di Kinderdijk

A pochi passi dal confine olandese, nel cuore della regione delle Fiandre, sorgono i mulini a vento di Kinderdijk, un affascinante sito UNESCO che racconta la storia e la tradizione della gestione dell'acqua nel Belgio. Questi maestosi mulini a vento, alti e slanciati, rappresentano non solo un'icona del paesaggio fiammingo, ma anche un patrimonio idraulico unico che ha plasmato la vita e la terra di questa regione per secoli.

14.2 Storia dei Mulini a Vento di Kinderdijk

La storia dei mulini a vento di Kinderdijk affonda le sue radici nel XIII secolo, quando i canali e le vie d'acqua iniziarono a essere sviluppati nella regione per gestire l'abbondanza di acque dolci provenienti dalla pianura flandrica. Il nome "Kinderdijk" significa letteralmente "diga dei bambini" e deriva da un'antica leggenda secondo la quale un bambino in culla galleggiò su un cuscino in mezzo alle acque, un miracolo attribuito alla protezione divina.

14.3 L'Innovativa Gestione dell'Acqua Fiamminga

La gestione dell'acqua è stata una sfida costante per le regioni basse del Belgio, soggette a inondazioni e alla presenza di un terreno spesso paludoso. I mulini a vento di Kinderdijk furono costruiti per mantenere il livello delle acque basse, consentendo agli abitanti di coltivare le terre e proteggendole dall'inondazione. Questi mulini a vento rappresentano una soluzione ingegnosa e innovativa che ha contribuito a plasmare la storia agricola e idraulica del Belgio.

14.4 Architettura dei Mulini a Vento - Eleganza Funzionale

La caratteristica architettura dei mulini a vento di Kinderdijk è un connubio di eleganza funzionale e robustezza. Questi mulini, costruiti principalmente con legno e laterizi, sono alti e snodati, con una struttura che si erge maestosa nel paesaggio. Le pale del mulino, che possono essere orientate per sfruttare al meglio la direzione del vento, sono un esempio di ingegnosità tecnologica per il loro tempo.

14.5 La Vita Nei Dintorni dei Mulini - Una Comunità Legata all'Acqua

Nei secoli passati, la vita attorno ai mulini a vento di Kinderdijk era strettamente legata alla gestione dell'acqua. Le comunità agricole dipendevano dalla capacità di drenare le terre circostanti e mantenere il controllo sul livello delle acque per evitare inondazioni disastrose. I mulini a vento erano il cuore pulsante di queste comunità, garantendo la sicurezza e la prosperità attraverso il loro lavoro incessante.

14.6 Visita ai Mulini a Vento - Un'Esperienza Immersiva

Oggi, i mulini a vento di Kinderdijk sono aperti ai visitatori, offrendo un'esperienza immersiva nella storia e nella tradizione della gestione dell'acqua belga. I visitatori possono esplorare i mulini, scoprire la tecnologia del XIX secolo che ancora oggi è in grado di svolgere il suo ruolo e godere di una vista panoramica sui paesaggi circostanti.

14.7 Il Museo di Kinderdijk - Approfondimento sulla Storia

Idraulica

Il Museo di Kinderdijk è un punto di riferimento per chi desidera approfondire la storia idraulica della regione. Attraverso mostre interattive, documenti storici e reperti originali, il museo offre una panoramica completa della lotta delle comunità locali contro le acque impetuose e della nascita dei mulini a vento come soluzione geniale.

14.8 Eventi Speciali a Kinderdijk - Celebrare la Tradizione

Oltre alle visite quotidiane, Kinderdijk ospita eventi speciali che celebrano la tradizione e la cultura legata all'acqua. Le giornate a tema, le dimostrazioni pratiche sul funzionamento dei mulini e le celebrazioni annuali richiamano visitatori da tutto il Belgio e oltre, creando un legame vivo tra la storia del passato e l'interesse contemporaneo.

14.9 Il Ruolo Ambientale - Conservazione e Sostenibilità

Oltre al loro significato storico, i mulini a vento di Kinderdijk svolgono ancora oggi un ruolo ambientale cruciale. Contribuiscono alla gestione sostenibile delle risorse idriche e alla conservazione degli ecosistemi locali. La gestione oculata delle acque attraverso i mulini a vento contribuisce a mantenere l'equilibrio ambientale e a preservare la biodiversità della regione.

14.10 Escursioni nei Dintorni - Scoprire la Campagna Fiamminga

Per coloro che visitano Kinderdijk, le escursioni nei dintorni offrono l'opportunità di scoprire la campagna fiamminga circostante. Passeggiate tra i campi verdi, lungo i canali e tra antichi borghi consentono di immergersi completamente nella bellezza della regione e di apprezzare la connessione profonda tra la gente, la terra e l'acqua.

14.11 Sostenibilità e Conservazione - Preservare il Patrimonio

La conservazione dei mulini a vento di Kinderdijk è una priorità per garantire che questa eredità idraulica continui a svolgere il suo ruolo storico e ambientale. Iniziative sostenibili, come la manutenzione regolare, la promozione del turismo responsabile e la sensibilizzazione ambientale, contribuiscono a preservare e proteggere questi monumenti storici per le generazioni future.

14.12 Dalla Primavera all'Autunno - I Colori dei Mulini

Le stagioni portano una varietà di colori ai mulini a vento di Kinderdijk. Dalla freschezza verde della primavera alle sfumature dorate dell'autunno, i mulini si inseriscono armoniosamente nel paesaggio mutevole. La possibilità di visitare Kinderdijk in diverse stagioni offre prospettive uniche e un'esperienza visiva in continua evoluzione.

14.13 Tramonti e Albe Magiche - Atmosfera Unica

I tramonti e le albe a Kinderdijk sono spettacolari, creando un'atmosfera unica e suggestiva. Quando il sole scompare all'orizzonte dietro i mulini a vento, il cielo si tinge di tonalità calde, mentre l'aria diventa permeata di una quiete magica. Questi momenti speciali aggiungono un tocco di poesia e romanticismo all'esperienza di visita.

14.14 Alloggi Nelle Vicinanze - Immergersi Completamente nella Tradizione

Per coloro che desiderano immergersi completamente nella tradizione dei mulini a vento di Kinderdijk, numerosi alloggi nelle vicinanze offrono un soggiorno suggestivo. Bed and breakfast in fattorie ristrutturate, cottage affacciati sui canali e hotel con vista panoramica consentono agli ospiti di vivere appieno l'atmosfera unica di questa regione.

14.15 Conclusioni - Un Viaggio nel Cuore Idraulico del Belgio

I mulini a vento di Kinderdijk sono molto più di una testimonianza storica; sono un viaggio nel cuore idraulico del Belgio. Attraverso la loro maestosità, la loro storia millenaria e il ruolo attuale nella gestione sostenibile delle risorse idriche, questi mulini rappresentano un legame tangibile tra il passato e il presente. Visitare Kinderdijk significa non solo immergersi nella bellezza di paesaggi unici, ma anche abbracciare la saggezza delle generazioni passate che hanno plasmato la terra e l'acqua in armonia. Per chiunque cerchi un'esperienza autentica e affascinante nel cuore del Belgio, i mulini a vento di Kinderdijk sono un viaggio imperdibile, una pagina viva della storia e della cultura belga.

CAPITOLO 15: L'ARTE URBANA DI OSTENDA - ESPRESSIONE CREATIVA TRA ONDE E MURALES

15.1 Introduzione all'Arte Urbana di Ostenda

Ostenda, una città costiera baciata dalle onde del Mare del Nord, non è solo rinomata per le sue spiagge incantevoli, ma anche per la sua vibrante scena di arte urbana. Gli appassionati di street art troveranno a Ostenda un laboratorio a cielo aperto, dove murales colorati, graffiti audaci e installazioni artistiche danno vita alle strade, trasformando l'atmosfera della città in un'espressione creativa unica. Questo capitolo ci guiderà attraverso il mondo affascinante dell'arte urbana di Ostenda.

15.2 Ostenda - Una Cornice Costiera per l'Espressione Creativa

Ostenda, con la sua atmosfera vivace e la fusione di cultura, storia e modernità, offre il contesto ideale per la crescita dell'arte urbana. La città, con le sue strade animate, i murales accattivanti e la presenza dell'arte contemporanea, è diventata una destinazione imperdibile per chi cerca una visione diversa e dinamica della creatività.

15.3 Storia dell'Arte Urbana a Ostenda

L'arte urbana a Ostenda ha radici profonde, risalendo agli anni

'90 quando alcuni artisti locali cominciarono a esprimere la loro creatività sui muri della città. Nel corso degli anni, l'arte urbana è cresciuta, attirando artisti internazionali che hanno contribuito a plasmare il paesaggio artistico di Ostenda. Ciò che era iniziato come una forma di ribellione artistica si è evoluto in un movimento che abbraccia la diversità e l'espressione personale.

15.4 Artisti Locali e Internazionali - Una Collaborazione di Talentuosi Visionari

Ostenda accoglie una varietà di artisti locali e internazionali, ognuno con la propria visione e stile distintivo. Le collaborazioni tra artisti locali e internazionali hanno portato a una fusione di influenze e stili, creando un panorama artistico unico che riflette la diversità della città stessa. Da murali realistici a opere astratte, l'arte urbana di Ostenda è una sinfonia di colori, forme e messaggi.

15.5 Passeggiata tra i Murales - Un'Esperienza Visiva Immersiva

Una delle migliori modalità per esplorare l'arte urbana di Ostenda è attraverso una passeggiata tra i murales sparsi per la città. Lungo le strade principali e nei quartieri più bohemien, i visitatori possono imbattersi in opere impressionanti che si fondono con l'architettura urbana. Ogni murale racconta una storia, che si tratti di mitologia, critica sociale o semplice bellezza estetica.

15.6 Gallerie a Cielo Aperto - Quartieri Dedicati all'Arte Urbana

Oltre ai murales casuali, Ostenda vanta anche quartieri dedicati all'arte urbana. Luoghi come il Distretto Creativo di Ostenda offrono una vasta gamma di murales e installazioni artistiche. Questi quartieri sono autentiche gallerie a cielo aperto, dove gli artisti hanno lo spazio per esplorare la loro creatività su larga scala. La collaborazione tra gli artisti e la comunità è evidente in questi spazi, trasformandoli in centri di vitalità artistica.

15.7 Eventi d'Arte Urbana - Celebrare la Creatività Contemporanea

Ostenda è anche la sede di eventi d'arte urbana che attirano

talenti da tutto il mondo. Festival, concorsi e mostre d'arte urbana animano la città, creando un'atmosfera di celebrazione e condivisione creativa. Questi eventi non solo offrono una piattaforma per gli artisti emergenti, ma
invitano anche la comunità a partecipare attivamente, promuovendo l'arte come parte integrante della vita quotidiana.

15.8 Graffiti e Cultura Giovanile - Una Forma di Espressione Ribelle

Gli artisti di strada a Ostenda trovano ispirazione nella cultura giovanile e nell'atteggiamento ribelle che spesso accompagna l'arte urbana. I graffiti, in particolare, sono diventati una forma di espressione attraverso la quale la gioventù può sfogare la propria creatività e comunicare messaggi sociali. Ostenda abbraccia questa forma di espressione, trasformando i graffiti da semplici segni di ribellione a opere d'arte riconosciute e apprezzate.

15.9 Arte Urbana e Rigenerazione Urbana - Un Binomio Virtuoso

L'arte urbana a Ostenda non è solo una forma di espressione artistica, ma anche uno strumento di rigenerazione urbana. I murales e le installazioni artistiche hanno il potere di trasformare gli spazi urbani, rendendoli più attraenti e vivibili. Questo binomio virtuoso tra arte urbana e rigenerazione urbana contribuisce a creare quartieri dinamici e inclusivi.

15.10 Sostenibilità e Responsabilità Ambientale - Colori Eco-Friendly

Un aspetto distintivo dell'arte urbana a Ostenda è l'attenzione alla sostenibilità. Gli artisti spesso scelgono colori eco-friendly e materiali riciclati per le loro opere, contribuendo a promuovere pratiche artistiche responsabili. Questo impegno ambientale si sposa con la consapevolezza crescente della necessità di preservare la bellezza naturale di Ostenda.

15.11 Dialogo tra Arte Urbana e Architettura - Una Connessione Profonda

Ostenda è una città in cui l'arte urbana dialoga in modo profondo con l'architettura circostante. I murales si fondono armoniosamente con gli edifici storici e moderni, creando una connessione visiva e concettuale. Questo dialogo tra arte urbana e architettura contribuisce a definire l'identità visiva della città.

15.12 Progetti Collaborativi - Comunità, Artisti e Autorità Locali Insieme

La realizzazione di murales a Ostenda spesso coinvolge progetti collaborativi tra artisti, comunità locali e autorità cittadine. Queste collaborazioni sono essenziali per garantire che l'arte urbana rifletta autenticamente la storia, la cultura e le aspirazioni della comunità locale. Il coinvolgimento attivo della comunità contribuisce a consolidare l'arte urbana come parte integrante della vita cittadina.

15.13 Arte Urbana e Turismo - Attrarre Visitatori Curiosi

L'arte urbana ha contribuito a posizionare Ostenda come una destinazione turistica unica. I visitatori curiosi sono attirati dalla possibilità di esplorare una città dove l'arte è viva nelle strade, creando un'esperienza turistica arricchente e stimolante. I tour guidati sull'arte urbana offrono ai visitatori la possibilità di scoprire le storie dietro ogni murale e di comprendere il contesto artistico.

15.14 Alloggi Immersi nell'Arte - Soggiorni Unici

Per coloro che desiderano vivere un'esperienza completa immersa nell'arte urbana di Ostenda, numerosi alloggi offrono soggiorni unici. Hotel, bed and breakfast e appartamenti nelle vicinanze dei quartieri artistici consentono agli ospiti di vivere appieno la creatività della città anche dopo il tramonto.

15.15 Conclusioni - Ostenda come Galleria a Cielo Aperto

L'arte urbana di Ostenda è più di un'aggiunta estetica al paesaggio urbano; è una forma di espressione che riflette l'anima creativa della città. Con murales che narrano storie, graffiti che urlano ribellione e installazioni che sfidano la percezione, Ostenda si trasforma in una galleria a cielo aperto, invitando i visitatori a esplorare la bellezza, la diversità e la vitalità dell'arte urbana. Per chi cerca un'esperienza artistica fuori dagli schemi, Ostenda si presenta come una tela in continua evoluzione, dove la creatività è libera di fluire tra le onde del Mar del Nord.

CAPITOLO 16: LA MODA BELGICA - UN'ELEGANZA DISCRETA TRA STILISTI ICONICI E BOUTIQUE RAFFINATE

16.1 Introduzione alla Moda Belgica

Il Belgio, noto per la sua ricca storia culturale e la diversità linguistica, si distingue anche come uno dei centri di moda più influenti d'Europa. La moda belga si caratterizza per un'eleganza discreta, una fusione di design innovativo e materiali di alta qualità. In questo capitolo, esploreremo il mondo della moda belga, dalle passerelle degli stilisti iconici alle boutique di lusso che punteggiano le strade di Bruxelles e Anversa.

16.2 L'eredità degli Stilisti Belgi - Raf Simons e Dries Van Noten

Il Belgio ha regalato al mondo della moda alcuni dei nomi più rinomati e rispettati. Raf Simons, con la sua estetica moderna e avant-garde, ha ridefinito il concetto di moda maschile contemporanea.

Dries Van Noten, d'altra parte, ha costruito un impero di stile che celebra l'artigianato e l'individualità. Questi stilisti hanno contribuito a plasmare la moda belga, posizionandola al centro dell'attenzione internazionale.

16.3 Raf Simons - Minimalismo e Innovazione

Raf Simons, nato in Belgio, è rinomato per il suo approccio al design minimalista e concettuale. Dopo essersi affermato con la sua linea omonima, ha assunto ruoli di rilievo in case di moda di prestigio, portando il suo stile distintivo in brand come Dior e Calvin Klein. Il suo impato sulla moda maschile è evidente nella sua capacità di fondere il minimalismo con l'innovazione, creando collezioni che sfidano le convenzioni.

16.4 Dries Van Noten - L'Arte dell'Eleganza Casual

Dries Van Noten ha guadagnato un'ampia base di fan grazie al suo approccio all'eleganza casual. I suoi design riflettono un mix equilibrato di stampe audaci, tessuti pregiati e tagli impeccabili. Van Noten ha una predilezione per l'arte e spesso incorpora elementi artistici nelle sue collezioni. La sua firma stilistica, basata sull'individualità e sull'artigianato, è un'icona di stile senza tempo.

16.5 Boutiques a Bruxelles - Un'Elegante Scelta di Shopping

Bruxelles, la capitale belga, è un paradiso per gli amanti della moda. Le sue strade acciottolate sono costellate di boutique di alta moda, ognuna offrendo una selezione curata di capi firmati da designer belgi e internazionali. Dal quartiere alla moda di Dansaert alla lussuosa Avenue Louise, ogni boutique è un gioiello nel tessuto ricco di Bruxelles.

16.6 Dansaert - Il Distretto della Moda di Bruxelles

Dansaert è il cuore pulsante della moda a Bruxelles. Questo quartiere trendy è la patria di molte boutique di design belghe e di marchi internazionali di alta gamma. Mentre passeggi tra le vie di Dansaert, si possono scoprire concept store all'avanguardia, atelier di stilisti emergenti e showroom di brand iconici. La varietà di opzioni rende Dansaert un punto di riferimento per lo shopping di moda a Bruxelles.

16.7 Avenue Louise - Lusso e Raffinatezza

Avenue Louise, conosciuta come la via dello shopping di lusso a Bruxelles, ospita alcune delle boutique più esclusive della città. Qui, i nomi dei designer più prestigiosi si affacciano su vetrine eleganti. Boutiques di alta moda, gioiellerie di lusso e concept store alla moda rendono l'Avenue Louise un'esperienza di shopping senza eguali.

16.8 Antwerp Six - La Scuola di Anversa e la Moda d'Avanguardia

Anversa, un altro centro pulsante della moda belga, è famosa per aver dato i natali agli "Antwerp Six", un gruppo di sei stilisti belgi che hanno fatto scalpore negli anni '80. Ann Demeulemeester, Dries Van Noten, Walter Van Beirendonck, Dirk Van Saene, Dirk Bikkembergs e Marina Yee hanno studiato presso la Reale Accademia di Belle Arti di Anversa, diventando pionieri della moda d'avanguardia. La loro influenza è ancora palpabile nelle boutique di Anversa oggi.

16.9 Shopping nel Quartiere della Moda Ad Anversa

Il Quartiere della Moda di Anversa è un'attrazione imperdibile per gli amanti dello shopping. Le boutique qui offrono una miscela eclettica di stili, dalle creazioni audaci degli stilisti emergenti alle collezioni iconiche degli Antwerp Six. Il Quartiere della Moda è anche la sede della MoMu (Modemuseum), il museo della moda di Anversa, che celebra la storia e l'innovazione del design belga.

16.10 Concept Store - L'Esperienza di Shopping Unica

Le concept store stanno diventando sempre più popolari nella scena dello shopping belga. Questi spazi innovativi non vendono solo abiti, ma offrono un'esperienza di lifestyle completa. Prodotti di design, accessori, oggetti d'arte e talvolta persino caffè o eventi culturali convergono in un'unica destinazione. I concept store si distinguono per la loro selezione curata e l'atmosfera distintiva.

16.11 Sostenibilità e Moda Etica - La Nuova Frontiera

La moda belga sta abbracciando sempre più la sostenibilità e l'etica. Molti designer e boutique si impegnano a offrire capi realizzati con materiali sostenibili, pratiche produttive etiche e un focus sulla durabilità. Questa nuova frontiera della moda rispecchia l'attenzione crescente verso una consapevolezza ambientale e sociale nel mondo del design.

16.12 La Bellezza del Made in Belgium - Artigianato e Qualità

La moda belga si distingue per il suo impegno per l'artigianato e la qualità. Molti designer preferiscono produrre localmente, sostenendo l'industria tessile belga e garantendo standard elevati di produzione. Questa dedizione alla bellezza del "Made in Belgium" è evidente nella cura dei dettagli e nella precisione dei tagli.

16.13 Moda Maschile - Raffinatezza Senza Tempo

La moda maschile belga è rinomata per la sua raffinatezza senza tempo. Stilisti come Raf Simons hanno contribuito a plasmare una visione della moda maschile che unisce innovazione e classicità. Le boutique di moda maschile a Bruxelles e Anversa offrono una vasta gamma di capi, dalle creazioni avanguardistiche ai classici intramontabili.

16.14 Moda Femminile - Espressione di Stile Individuale

La moda femminile belga è una celebrazione dell'individualità. Le boutique nelle principali città offrono una varietà di opzioni per ogni stile e personalità. Dai design sperimentali alle collezioni prêt- à-porter, la moda femminile belga abbraccia la diversità, incoraggiando ogni donna a esprimere il proprio stile unico.

16.15 Eventi di Moda - Passerelle e Presentazioni Iconiche

Il calendario della moda belga è arricchito da eventi iconici. Settimane della moda a Bruxelles e Anversa presentano le ultime collezioni degli stilisti emergenti e consolidati. Questi eventi non solo mostrano la creatività della moda belga ma contribuiscono anche a posizionare il Belgio come un centro di innovazione nel mondo della moda.

16.16 Stile Belgico in Viaggio - Un'Eleganza Senza Confini

La moda belga non conosce confini e il suo stile elegante accompagna coloro che viaggiano oltre i confini nazionali. I capi dei designer belgi sono ricercati da amanti della moda in tutto il mondo, testimoniando l'influenza globale della creatività belga. Le boutique di Bruxelles e Anversa fungono da porte di accesso a un mondo di eleganza senza confini.

16.17 L'Arte del Shopping - Un'Esperienza oltre l'Acquisto

Lo shopping in Belgio non è semplicemente un atto transattivo; è un'esperienza immersiva. Ogni boutique, con la sua selezione accurata e la sua atmosfera unica, offre ai visitatori un assaggio dell'estetica e dello stile belgi. Lo shopping diventa così un viaggio attraverso l'arte del design e dell'eleganza discreta.

16.18 Conclusioni - Moda Belga: Dove l'Eleganza Diventa un Modo di Vivere

La moda belga è molto più di abiti appesi su un appendiabiti; è un'espressione di creatività, artigianato e stile distintivo. Dagli innovativi design degli stilisti iconici alle boutique che offrono un'esperienza di shopping raffinata, la moda belga è una forma d'arte che si indossa con fierezza. Per chiunque cerchi l'eleganza senza eccessi e la qualità senza compromessi, la moda belga è un viaggio nell'estetica senza tempo, dove ogni capo è un'affermazione di stile e raffinatezza.

CAPITOLO 17: IL BELGIO E IL CIOCCOLATO - UN'ESPERIENZA DOLCEMENTE INDIMENTICABILE

17.1 Introduzione al Capitolo del Cioccolato Belga

Il Belgio è universalmente riconosciuto come il regno del cioccolato, un luogo dove l'arte della produzione del cioccolato raggiunge livelli di perfezione e creatività senza pari. In questo capitolo, esploreremo la storia, le tradizioni e le delizie delle cioccolaterie belghe, con una particolare attenzione alle pittoresche città di Bruxelles e Bruges, dove ogni angolo racconta una storia di dolcezza.

17.2 La Storia del Cioccolato in Belgio - Un'Evoluzione Gustosa

L'amore del Belgio per il cioccolato affonda le radici nel XIX secolo, quando la cioccolateria belga iniziò a guadagnare riconoscimento internazionale. Artigiani cioccolatieri cominciarono a sperimentare con varietà di cacao, ingredienti di alta qualità e tecniche di produzione innovative. Il risultato fu una rivoluzione dolce che portò al Belgio il titolo di patria del cioccolato.

17.3 Cioccolatieri Artigianali - Custodi della Tradizione Dolce

Le cioccolaterie artigianali del Belgio sono le custodi della tradizione dolce del paese. In queste botteghe pittoresche, gli artigiani cioccolatieri mettono in mostra la loro maestria nella creazione di praline, truffes e creazioni uniche. Ogni cioccolatiere ha la sua interpretazione delle ricette tradizionali, creando una ricca varietà di sapori per accontentare il palato di ogni appassionato.

17.4 Bruxelles - Il Cuore del Cioccolato Belga

Bruxelles, la vivace capitale belga, è una mecca per gli amanti del cioccolato. La città è punteggiata da cioccolaterie storiche e boutique moderne, ciascuna con la sua offerta di prelibatezze cioccolatose. La Grand-Place, dichiarata Patrimonio dell'Umanità dall'UNESCO, è circondata da rinomate cioccolaterie, creando un'atmosfera magica in cui il cioccolato diventa parte integrante del fascino della città.

17.5 La Grand-Place di Bruxelles - Uno Scenario Incantato di Cioccolato

La Grand-Place di Bruxelles è il luogo perfetto per iniziare il viaggio nel mondo del cioccolato belga. In questa piazza storica, circondata da sontuosi edifici e una maestosa fontana, si trovano alcune delle cioccolaterie più celebrate. I visitatori possono passeggiare tra i banchi ricchi di praline, truffes e cioccolatini, godendo della magia di un'autentica esperienza cioccolatiera belga.

17.6 Le Cioccolaterie Iconiche di Bruxelles - Un Assaggio di Eccellenza

A Bruxelles, diverse cioccolaterie sono diventate icone di eccellenza. Leonidas, Neuhaus e Godiva sono nomi che risuonano nell'ambito della produzione del cioccolato belga. Leonidas, con la sua vasta gamma di praline accessibili, ha conquistato il cuore di molti. Neuhaus, la cui storia risale al 1857, è celebre per aver creato il primo cioccolatino ripieno di praline. Godiva, con il suo lusso e la sua raffinatezza, è una tappa obbligata per chi cerca il massimo nell'esperienza cioccolatiera.

17.7 Degustazioni Guidate - Un Viaggio Sensoriale nel Cioccolato

A Bruxelles, molte cioccolaterie offrono esperienze di degustazione guidate, invitando i visitatori a un viaggio sensoriale nel mondo del cioccolato. Gli esperti cioccolatieri conducono i partecipanti attraverso una selezione di prelibatezze, spiegando le sfumature di gusto, il processo di produzione e la storia dietro ogni creazione. Queste degustazioni non sono solo un modo per assaporare il cioccolato, ma anche per apprezzare l'arte e la passione che vanno nella sua realizzazione.

17.8 Bruges - La Città delle Cioccolaterie Romantiche

Bruges, con i suoi canali pittoreschi e il fascino medievale, è un'altra destinazione irresistibile per gli amanti del cioccolato. Le cioccolaterie di Bruges sono disseminate lungo le strade acciottolate, offrendo una pausa golosa durante le esplorazioni della città. Un giro tra le cioccolaterie di Bruges è come un viaggio romantico attraverso il mondo indulgente del cioccolato belga.

17.9 Le Cioccolaterie di Bruges - Arte e Dolcezza in Ogni Morso

Bruges ospita alcune delle cioccolaterie più artistiche e deliziose del Belgio. Dumon Chocolatier, con le sue praline artistiche, è una tappa obbligata per coloro che cercano opere d'arte commestibili. The Chocolate Line, con il suo cioccolato innovativo e le creazioni audaci, è una destinazione per gli avventurosi del palato. I visitatori possono perdersi tra i sapori intensi di cioccolato fondente, al latte e bianco, immergendosi nella tradizione cioccolatiera di Bruges.

17.10 L'Arte della Creazione del Cioccolato - Dai Fagioli alla Tavoletta

Le cioccolaterie belghe mettono un'enfasi particolare sull'arte della creazione del cioccolato, dal processo di selezione dei fagioli di cacao all'arte di modellare la perfetta tavoletta.

Molte cioccolaterie offrono visite guidate nelle loro fabbriche, consentendo ai visitatori di seguire il percorso del cioccolato dalla materia prima alla deliziosa realizzazione. Queste visite sono un'opportunità educativa e deliziosa per scoprire i segreti dietro il cioccolato belga di qualità.

17.11 Cioccolato e Eventi - Dolci Festeggiamenti a Tema

Il cioccolato è spesso il protagonista di eventi tematici in Belgio. Festival del cioccolato e fiere cioccolatiere attirano gli amanti del dolce da tutto il mondo. Durante questi eventi, le cioccolaterie presentano le loro creazioni più straordinarie, permettendo ai visitatori di assaporare una varietà di gusti e scoprire nuove interpretazioni di questo prelibato manufatto.

17.12 Cioccolato e Cultura - Esposizioni e Musei Tematici

Per coloro che desiderano approfondire la loro conoscenza del cioccolato belga, alcune città offrono musei e esposizioni tematiche. Questi luoghi invitano i visitatori a esplorare la storia, la scienza e l'arte del cioccolato attraverso mostre interattive e degustazioni guidate. Immergersi in queste esperienze culturali arricchisce la comprensione di quanto il cioccolato sia una parte fondamentale della cultura belga.

17.13 Cioccolato Artigianale e Sostenibilità - Una Dolce Rivoluzione

Con la crescente consapevolezza ambientale, molte cioccolaterie artigianali belghe stanno adottando pratiche sostenibili. Dalla scelta di cacao proveniente da fonti sostenibili al packaging eco- friendly, questi artigiani del cioccolato stanno guidando una dolce rivoluzione verso una produzione più responsabile e rispettosa dell'ambiente.

17.14 Conclusioni - Il Belgio: Dove il Cioccolato Diventa Magia

Il Belgio è veramente il regno magico del cioccolato. Attraverso le cioccolaterie di Bruxelles e Bruges, ogni visitatore può vivere un'esperienza dolcemente indimenticabile. Dai classici al cioccolato artistico, dalle tradizioni centenarie alle creazioni innovative, il Belgio offre un viaggio goloso che tocca il cuore e il palato di chiunque si avventuri nel suo mondo cioccolatiero. In Belgio, il cioccolato non è solo un dolce; è un'arte, una passione e un patrimonio che continua a deliziare generazioni con la sua dolce magia.

CAPITOLO 18: UN VIAGGIO SULLE STRADE DEL BELGIO - ESPLORANDO LA BELLEZZA NASCOSTA TRA VILLAGGI E PAESAGGI RURALI

18.1 Introduzione - L'Incantevole Belgio in Viaggio

Per coloro che cercano un'esperienza di viaggio unica, l'esplorazione delle strade del Belgio offre un'opportunità senza pari. Le pittoresche campagne belghe, punteggiate da villaggi affascinanti e paesaggi rurali, invitano i viaggiatori a scoprire la bellezza nascosta del paese. In questo capitolo, ci immergeremo in un viaggio che si snoda tra strade tortuose, castelli maestosi e un'atmosfera di autentico fascino rurale.

18.2 Viaggiare in Auto attraverso il Belgio - La Libertà di Esplorare

Il Belgio è un paese che si presta perfettamente a essere scoperto in auto. Le strade ben tenute e la dimensione gestibile del paese consentono ai viaggiatori di esplorare molte destinazioni in un unico viaggio. La flessibilità di un viaggio su strada offre la libertà di fermarsi nei villaggi remoti, di ammirare i panorami senza tempo e di avventurarsi fuori dagli itinerari turistici convenzionali.

18.3 Le Strade Panoramiche - Un Affresco Cambiante

Le strade panoramiche del Belgio offrono un affresco in continua evoluzione, passando da campi di fiori colorati a boschi secolari e dolci colline verdeggianti. Un'esperienza di viaggio su strada è un modo privilegiato per cogliere la diversità dei paesaggi belgi, che cambiano con le stagioni, offrendo scenari unici ad ogni viaggio.

18.4 I Villaggi Incantevoli - Tesori Nascosti da Scoprire

Il Belgio è costellato da villaggi incantevoli, ognuno con la propria storia e il proprio fascino unico. Da Durbuy, il "villaggio più piccolo del mondo", a Watou con le sue tipiche case in mattoni, ogni paesino racconta una storia di tradizione e autenticità. Esplorare questi tesori nascosti aggiunge un tocco di magia al viaggio su strada.

18.5 Itinerari Consigliati - Da Bruges alla Valle della Mosa

Un itinerario consigliato potrebbe iniziare da Bruges, la "Venezia del Nord", e procedere attraverso le campagne del Belgio. Lungo la strada, i viaggiatori possono attraversare la Valle della Mosa, immergersi nella tranquillità delle Ardenne e fermarsi in pittoreschi villaggi lungo il percorso. Questo viaggio offre un'ampia varietà di panorami e esperienze, rendendolo ideale per chi cerca una combinazione di cultura, natura e autenticità.

18.6 La Valle della Mosa - Un Rifugio di Serenità

La Valle della Mosa è una gemma nascosta nel sud del Belgio. Attraversata dal fiume Mosa, questa regione è caratterizzata da colline verdi, vigneti pittoreschi e affascinanti cittadine come Dinant. I viaggiatori possono esplorare il suggestivo paesaggio fluviale, visitare antichi castelli e godere della tranquillità che permea questa zona rurale.

18.7 Le Ardenne - Un'Avventura nella Natura

Le Ardenne, con le loro foreste dense e le colline ondulate, offrono un'esperienza di viaggio immersa nella natura. Percorsi panoramici conducono attraverso boschi di faggio e villaggi rustici, offrendo la possibilità di escursioni, passeggiate a cavallo e giri in bicicletta. Le Ardenne sono un rifugio per coloro che desiderano sfuggire alla frenesia urbana e abbracciare la serenità della campagna.

18.8 Le Strade delle Ardenne - Un'Avventura su Curve Serpentine

Le strade delle Ardenne si snodano attraverso paesaggi mozzafiato e offrono un'esperienza di guida unica. Curve serpentine si aprono tra foreste secolari e valli pittoresche, creando un quadro in continua evoluzione. I viaggiatori possono fermarsi in piccoli bistrò lungo la strada, assaporando la cucina locale e immergendosi nell'atmosfera amichevole dei villaggi.

18.9 I Castelli Lungo la Strada - Tesori Storici da Esplorare

Un viaggio su strada attraverso il Belgio offre l'opportunità di scoprire castelli maestosi che punteggiano il paesaggio. Castelli come il Castello di Modave e il Castello di La Roche-en-Ardenne catturano l'immaginazione con la loro architettura fiabesca e la storia avvincente. Molte di queste antiche fortezze sono aperte ai visitatori, consentendo loro di fare un salto nel passato.

18.10 I Sapori Locali Lungo il Cammino - Una Culinary Road Trip

Un viaggio su strada attraverso il Belgio è anche un'opportunità per sperimentare i sapori locali. Ogni regione offre specialità culinarie uniche. Dalla birra artigianale delle Ardenne al formaggio di Chimay, ogni tappa lungo la strada è un'occasione per deliziare il palato con autentiche prelibatezze locali.

18.11 Soste Romantiche - Pausa e Riflessione

Le strade del Belgio offrono numerose opportunità per soste romantiche. Pic-nic lungo i corsi d'acqua, passeggiate nei campi fioriti e serate accoglienti in locande rustiche creano momenti indimenticabili. Le strade stesse diventano parte integrante del viaggio, trasformandosi in un percorso di scoperta che va al di là della destinazione finale.

18.12 Conclusioni - Un Viaggio di Scoperta tra Bellezza e Tradizione

Un viaggio sulle strade del Belgio è un'esperienza di scoperta che va oltre la semplice visita turistica. Attraversare villaggi incantevoli, esplorare paesaggi rurali e immergersi nella cultura autentica del Belgio offre ai viaggiatori un'opportunità unica di connettersi con la vera essenza del paese. Le strade diventano il filo conduttore di un viaggio che mescola bellezza e tradizione, invitando i viaggiatori a lasciarsi guidare dalle sorprese che si nascondono dietro ogni curva. In Belgio, il viaggio è tanto importante quanto la destinazione, e le strade sono il mezzo attraverso cui si svelano le storie e la magia di questo affascinante paese.

CAPITOLO 19: IL BELGIO IN OGNI STAGIONE - UN VIAGGIO INCANTEVOLE TRA LE VARIAZIONI DEL TEMPO

19.1 Introduzione - La Magia delle Stagioni nel Belgio

Il Belgio, con la sua posizione nel cuore dell'Europa, offre una varietà di esperienze in ogni stagione. Questo capitolo esplorerà la magia che avvolge il paese, trasformandosi da un inverno fiabesco a un'esplosione di colori primaverili, da un'estate animata a un'autunno ricco di sfumature.

Indipendentemente dal periodo dell'anno, il Belgio accoglie i visitatori con una bellezza intramontabile.

19.2 Inverno - Mercatini di Natale e Atmosfera Fiabesca

L'inverno in Belgio è un periodo magico, con i mercatini di Natale che dominano le piazze delle città. Bruxelles, con il suo Mercato di Natale a Grand-Place, e Bruges, circondata da luci scintillanti, sono destinazioni imperdibili. Le strade acciottolate, decorate con decorazioni natalizie, trasformano il Belgio in un paese da fiaba, invitando i visitatori a immergersi nell'atmosfera calda e festosa.

19.3 I Mercatini di Natale - Un Assaggio di Dolcezza e Tradizione

I mercatini di Natale belgi sono vere e proprie oasi di dolcezza e tradizione. Le bancarelle offrono prelibatezze come waffle caldi, cioccolato fuso e biscotti speziati. Artigianato locale, decorazioni natalizie e oggetti tradizionali completano l'esperienza, regalando ai visitatori souvenir unici e autentici.

19.4 Sciare nelle Ardenne - Avventure Invernali per Gli Appassionati

Per gli amanti degli sport invernali, le Ardenne offrono opportunità di sci uniche. Le piste nelle vicinanze di Spa e La Roche-en-Ardenne trasformano queste colline in una destinazione invernale ideale. Dopo una giornata sulle piste, i visitatori possono riscaldarsi accanto a un camino in accoglienti chalet montani.

19.5 Primavera - Fioriture e Giardini Incantati

Con l'arrivo della primavera, il Belgio si risveglia in una tavolozza di colori. I giardini e i parchi floreali diventano il fulcro di questa stagione. Il Giardino Botanico di Meise, con la sua collezione di piante rare, e il Castello di Groot-Bijgaarden, circondato da campi di fiori, sono mete perfette per immergersi nella bellezza primaverile.

19.6 I Giardini di Primavera - Un'Esplosione di Colori e Profumi

I giardini di primavera belgi sono un vero spettacolo per gli occhi e il naso. Keukenhof, noto come il "giardino d'Europa", è rinomato per i suoi campi di tulipani e narcisi. I visitatori possono passeggiare tra una varietà di fiori, creando un arcobaleno floreale che si estende a perdita d'occhio.

19.7 Escursioni nelle Ardenne - Natura Rinata e Paesaggi Rigogliosi

Con l'arrivo della primavera, le Ardenne si trasformano in un paradiso verde. Le escursioni attraverso le foreste fiorite offrono panorami mozzafiato e la possibilità di scoprire la flora e la fauna locali che si risvegliano dalla stagione invernale.

19.8 Estate - Spiagge Affollate e Festival Estivi

L'estate porta con sé un'atmosfera effervescente in tutto il Belgio. Lungo la costa, località come Knokke-Heist e Oostende accolgono visitatori con spiagge sabbiose e lungomari affascinanti. Le città si animano con festival estivi, concerti all'aperto e eventi culturali che trasformano il Belgio in un palcoscenico di animazione.

19.9 Spiagge della Costa Belga - Relax e Divertimento al Sole

Le spiagge della costa belga diventano il luogo ideale per il relax estivo. Knokke-Heist, con le sue lussuose spiagge, è una destinazione di classe, mentre Oostende attira le famiglie con la sua atmosfera vivace e le attività per tutti. Le lunghe passeggiate sulla spiaggia, i giochi sulla sabbia e le serate nei ristoranti lungomare caratterizzano l'estate belga.

19.10 Festival Estivi - Musica, Cultura e Divertimento senza Fine

L'estate in Belgio è sinonimo di festival. Il Ghent Festival trasforma la città in un palcoscenico vivace con spettacoli teatrali e concerti. In tutto il paese, festival dedicati alla musica, all'arte e alla gastronomia attirano visitatori da ogni angolo del mondo. L'atmosfera festosa e l'entusiasmo contagioso rendono l'estate belga un periodo unico da vivere.

19.11 Autunno - Colori Caldi e Gusti Ricchi

L'autunno porta con sé una tavolozza di colori caldi e una serie di esperienze uniche. I parchi si tingono di rosso e oro, offrendo uno spettacolo visivo mozzafiato. Le cantine aprono le porte per degustazioni di vini, e le feste della vendemmia celebrano la ricchezza del raccolto.

19.12 Escursioni nelle Ardenne - La Magia dei Boschi d'Autunno

Le Ardenne, avvolte nei colori caldi dell'autunno, diventano ancora più affascinanti. Le escursioni attraverso i boschi offrono panorami mozzafiato, con i riflessi dorati degli alberi che si specchiano nei laghi tranquilli. I viaggiatori possono assaporare la tranquillità della natura e cogliere l'opportunità per una fuga rilassante.

19.13 Festival della Birra - Celebrare la Tradizione Belga

L'autunno è anche il momento ideale per esplorare la ricca tradizione birraria belga. I festival della birra, come il Brussels Beer Weekend, offrono l'opportunità di degustare una vasta gamma di birre artigianali e tradizionali. Questi eventi celebrano la cultura birraria belga, rendendo l'autunno un periodo ancora più interessante per i visitatori appassionati di birra.

19.14 Conclusioni - Il Belgio, un Anno di Meraviglie

Il Belgio, con la sua varietà di esperienze in ogni stagione, si presenta come una destinazione unica tutto l'anno. Dai mercatini natalizi all'animazione estiva, dalla magia della primavera alla tranquillità dell'autunno, il Belgio offre una panoramica completa di ciò che un paese europeo può offrire.

Indipendentemente dalla stagione, i visitatori sono accolti da un paesaggio ricco, una cultura vibrante e un'ospitalità calorosa. In ogni momento dell'anno, il Belgio si rivela come una terra di meraviglie pronta ad essere scoperta.

CAPITOLO 20: FRASI UTILI PER IL VIAGGIO IN BELGIO - UN MANUALE PRATICO PER L'ESPLORATORE LINGUISTICO

20.1 Introduzione - L'Importanza della Comunicazione durante il Viaggio

Uno degli aspetti più entusiasmanti di un viaggio è immergersi nella cultura locale e interagire con le persone del luogo. Nel Belgio, dove diverse lingue coesistono, la capacità di comunicare in maniera efficace arricchisce l'esperienza di viaggio. Questo capitolo fornirà un manuale pratico di frasi utili in diverse lingue parlate in Belgio, permettendo agli esploratori linguistici di muoversi con sicurezza attraverso le città e le regioni del paese.

20.2 La Diversità Linguistica del Belgio - Un Mosaico di Lingue

Il Belgio è noto per la sua diversità linguistica, con tre lingue ufficiali: olandese, francese e tedesco. La scelta della lingua dipende spesso dalla regione che si visita, rendendo utile comprendere alcune frasi di base in ciascuna di esse. Questo mosaico di lingue contribuisce alla ricchezza culturale del Belgio, e il rispetto per questa diversità è un modo per mostrare apprezzamento per la sua identità unica.

20.3 Frasi in olandese - La Lingua dei Fiamminghi

20.3.1 Saluti e Presentazioni

Hallo! (Ciao!)

Goedemorgen! (Buongiorno!)

Goedenavond! (Buonasera!) Hoe heet u? (Come si chiama?) Mian naam is... (Mi chiamo...)

20.3.2 Domande Comuni

Waar is...? (Dove si trova...?)

Hoeveel kost dit? (Quanto costa questo?)

Mag ik de menukaart, alstublieft? (Posso avere il menu, per favore?)

20.3.3 Situazioni di Emergenza

Hulp nodig! (Aiuto!)

Bel een ambulance! (Chiamate un'ambulanza!)

Waar is het dichtstbijzijnde ziekenhuis? (Dove si trova l'ospedale più vicino?)

20.4 Frasi in francese - La Lingua della Vallonia e di Bruxelles

20.4.1 Saluti e Presentazioni

Bonjour!
(Buongiorno!)
Bonsoir!
(Buonasera!)
Comment ça va?
(Come va?)

Je m'appelle... (Mi chiamo...)

20.4.2 Ordinare Cibo e Bevande

Je voudrais un café, s'il vous plaît. (Vorrei un caffè, per favore.) L'addition, s'il vous plaît. (Il conto, per favore.)
Où sont les toilettes? (Dove sono i bagni?)

20.4.3 Navigare in Città

Où est la Grand-Place? (Dove si trova la Grand-Place?)
Pouvez-vous m'aider à trouver la gare? (Mi potete aiutare a trovare la stazione?) Excusez-moi, je suis perdu(e). (Mi scusi, sono perso/a.)

20.5 Frasi in tedesco - La Lingua delle Comunità Germanofone

20.5.1 Saluti e Presentazioni

Hallo! (Ciao!)

Guten Morgen! (Buongiorno!)

Guten Abend! (Buonasera!) Wie geht es Ihnen? (Come sta?)

20.5.2 Ordinare Cibo e Bevande

Ich möchte einen Tisch für zwei Personen, bitte. (Vorrei un tavolo per due, per favore.) Können Sie mir die Speisekarte zeigen? (Mi può mostrare il menu?)

Haben Sie vegetarische Optionen? (Avete opzioni vegetariane?)

20.5.3 Situazioni di Emergenza

Hilfe! (Aiuto!)

Rufen Sie die Polizei! (Chiamate la polizia!)

Wo ist das nächste Krankenhaus? (Dove si trova l'ospedale più vicino?)

20.6 Consigli Pratici per la Comunicazione

20.6.1 Impara alcune frasi di base in tutte le lingue.

Anche se la lingua principale di una regione è diversa, essere in grado di salutare e chiedere indicazioni in tutte e tre le lingue può essere utile.

20.6.2 Usa l'inglese quando necessario.

La maggior parte dei belgi parla fluentemente l'inglese, specialmente nelle aree turistiche. Se hai difficoltà con una lingua, puoi sempre provare in inglese.

20.6.3 Sii rispettoso della lingua locale.

Dimostra apprezzamento per la diversità linguistica del Belgio. Anche se la maggior parte delle persone è disposta ad aiutarti in inglese, mostrare interesse per la loro lingua può creare una connessione più profonda.

20.7 Conclusioni - Un Viaggio Arricchito dalla Comunicazione Multilingue

Navigare attraverso il Belgio con competenza linguistica aggiunge un livello di autenticità e connessione alla tua esperienza di viaggio. Mentre l'inglese è spesso un ponte comune, il tentativo di utilizzare frasi nella lingua locale è un gesto apprezzato. Ricorda, il Belgio è un paese che celebra la sua diversità linguistica, e la tua disposizione a immergerti nelle lingue locali contribuirà a rendere il tuo viaggio indimenticabile.

EPILOGO

Carissimi compagni di viaggio, è con un misto di nostalgia e gratitudine che vi accompagno in questo epilogo di "Esplora il Belgio: Guida Turistica alle Meraviglie del Cuore d'Europa". Il viaggio che abbiamo compiuto attraverso le pagine di questa guida è stato un'esperienza unica, un tuffo nelle ricchezze di un paese che, spero, avete imparato ad amare tanto quanto me.

Un Viaggio Tra Passato e Presente

Abbiamo camminato tra le pietre antiche di Bruges, immergendoci nella sua atmosfera fiabesca, e ci siamo persi nelle stradine di Anversa, tra diamanti scintillanti e opere d'arte senza tempo. Gand ci ha accolto con il suo mix unico di arte e storia, mentre Bruxelles, la capitale europea, ci ha offerto uno sguardo sia al passato che al futuro. Abbiamo attraversato le Ardenne, esplorato le spiagge della costa belga, e in ogni passo abbiamo scoperto una parte della vasta mosaico del Belgio.

Il Belgio: Un Libro Aperto di Storie e Tradizioni

Ogni città, ogni regione è stata come una pagina di un libro aperto, scritto con le storie degli abitanti, le tradizioni tramandate di generazione in generazione e l'amore per la propria terra. Abbiamo ascoltato il racconto delle lingue che si intrecciano come fili d'oro, rendendo il Belgio un luogo unico nella sua diversità.

I Sapori del Belgio: Un Festino per i Sensi

I sapori del Belgio ci hanno cullato in un tripudio gastronomico. Dalle patatine fritte che croccano sotto i denti ai waffle che si sciolgono in bocca, ogni boccone è stato un invito a gustare il Belgio con tutti i sensi. Le birre artigianali, dalle triple alle scure abbazie, ci hanno guidato attraverso un vero e proprio percorso di degustazione.

Il Belgio in Tutte le Stagioni: Un Viaggio Senza Fine

In ogni stagione, il Belgio ha mostrato il suo volto più affascinante. Dai mercatini di Natale che illuminano le piazze in inverno alle spiagge vivaci e alle serate estive lungo la costa, il Belgio si è rivelato un paese capace di incantare in ogni momento dell'anno.

Esplorare l'Inusuale e l'Insolito

Abbiamo anche cercato l'inaspettato, attraversando luoghi insoliti, partecipando a festival fuori dagli schemi e cercando la bellezza negli angoli meno noti. Il Belgio ha dimostrato di essere più di quanto possiamo immaginare, e la sua autenticità si è rivelata non solo nelle attrazioni turistiche, ma anche nei dettagli inaspettati.

Riflessioni e Invito all'Esplorazione Continua

Ora, mentre concludiamo questo viaggio letterario, vi invito a riflettere sui momenti vissuti, sulle emozioni provate e sulle scoperte fatte. Ma, al tempo stesso, vi incoraggio a continuare l'esplorazione. Il Belgio, come ogni luogo ricco di storia e cultura, offre sempre qualcosa di nuovo, aspettando pazientemente di essere svelato.

Grazie e Arrivederci al Belgio

Infine, vorrei ringraziarvi per avermi accompagnato in questo viaggio. Spero che "Esplora il Belgio" sia stato non solo una guida, ma un compagno di viaggio che ha arricchito le vostre esperienze. E così, con il cuore colmo di gratitudine e l'anima ricca di ricordi, saluto il Belgio e tutti coloro che hanno condiviso con me questa avventura.

Arrivederci al Belgio, cari amici di viaggio. Possa il vostro prossimo viaggio portarvi altrettante meraviglie e scoperte.

Con sincera gratitudine,

Valen Del Mondo

POSTFAZIONE

Cari lettori,

Sono qui, alla fine di questo viaggio attraverso le pagine di "Esplora il Belgio: Guida Turistica alle Meraviglie del Cuore d'Europa", con la penna ancora intrisa delle emozioni e delle scoperte vissute insieme. Questo non è solo un libro, ma un diario di viaggio, un compendio di esperienze che spero abbiate condiviso con me attraverso le parole scritte.

Un Tributo al Belgio: Terra di Contrasti e Bellezze Uniche

Il Belgio è stato il protagonista indiscusso di questo viaggio, una terra di contrasti dove le lingue si intrecciano come i fili di un arazzo e le pietre delle città raccontano storie secolari. Ogni città, ogni regione, ha mostrato una diversità che, anziché dividerli, unisce gli abitanti sotto il comune denominatore del loro amore per questa terra.

Un Invito all'Immersione Culturale

Attraverso le lingue del Belgio, abbiamo sfiorato la sua anima culturale, attraverso le tradizioni e le celebrazioni che hanno reso ogni città e villaggio unico. La guida è stata pensata per essere più di un elenco di luoghi da visitare; è un invito all'immersione nelle culture locali, un tentativo di catturare l'essenza del Belgio nelle sue manifestazioni più genuine.

Le Delizie del Belgio: Un Banchetto per i Sensi

La gastronomia belga è stata una rivelazione continua. Non si tratta solo di cibo, ma di un'autentica esperienza culinaria. Dalle patatine fritte che soddisfano i palati più esigenti ai waffle leggeri come nuvole, ogni morso era un tuffo nel ricco patrimonio gastronomico del Belgio. E che dire delle birre? Ogni sorso è stato un viaggio attraverso secoli di tradizione brassicola.

Un Viaggio nella Natura e nella Storia Belghe

Hanno dominato il paesaggio le imponenti Ardenne, con le loro foreste misteriose e paesaggi mozzafiato. Poi, le spiagge belghe, con la loro atmosfera rilassata e l'odore salmastro del mare del Nord. E non possiamo dimenticare l'itinerario sulla Grande Guerra, un tributo commovente alla storia e al coraggio di chi ha vissuto quegli anni tumultuosi.

Festività e Tradizioni: Un Ingresso nei Cuori delle Comunità

Il Belgio è una terra di festività, dove il Ghent Festival trasforma le strade in palcoscenici vivaci e i mercatini di Natale portano un calore magico nelle città. È stato un onore partecipare a questi momenti, vedere le comunità unirsi in celebrazioni che vanno al di là delle differenze linguistiche e culturali.

La Sorpresa del Belgio: Oltre le Aspettative

Il Belgio, nei suoi dettagli meno noti, ci ha sorpreso. Dai festival di street art di Ostenda alla moda elegante di Bruxelles, ogni capitolo è stato un invito a guardare oltre le aspettative e a scoprire il Belgio in tutta la sua autenticità.

Un Grazie e un Invito alla Continua Esplorazione

In questa postfazione, desidero esprimere il mio profondo ringraziamento a voi, lettori coraggiosi che avete deciso di intraprendere questo viaggio con me. Spero che "Esplora il Belgio" sia stato non solo un compagno di viaggio, ma un'ispirazione per future avventure.

E così, con il cuore grato e l'anima ancora in viaggio, vi invito a continuare ad esplorare il Belgio e il mondo che vi circonda. Che ogni passo vi conduca a nuove meraviglie e che ogni pagina del vostro diario di viaggio sia scritta con emozioni indelebili.

Grazie, cari lettori, e che il Belgio continui a risplendere nei vostri ricordi come una gemma preziosa nel cuore d'Europa.

A presto in nuove avventure,

Valen Del Mondo

RINGRAZIAMENTO

Carissimi Lettori,

In questo momento di profonda gratitudine, desidero rivolgervi un ringraziamento sincero e affettuoso. "Esplora il Belgio: Guida Turistica alle Meraviglie del Cuore d'Europa" è stato un viaggio condiviso attraverso le pagine di un libro, ma è diventato molto di più grazie a voi, lettori intraprendenti e curiosi.

Grazie per Aver Abbracciato il Viaggio

Il vostro impegno nel prendere in mano questa guida è stato il primo passo di un viaggio che spero abbia arricchito la vostra visione del Belgio. Grazie per aver abbracciato l'avventura con cuori aperti e menti pronte a scoprire.

Grazie per Aver Esplorato con Me

Vi ringrazio per avermi permesso di accompagnarvi attraverso le città ciottolate, le foreste verdi e le spiagge accoglienti del Belgio. Ogni passo, ogni sguardo curioso è stato condiviso, e la vostra presenza ha reso questo viaggio più ricco e significativo.

Grazie per Aver Assaporato i Sapori del Belgio con Me

I sapori del Belgio sono stati un banchetto per i sensi, e grazie a voi ho potuto condividere le delizie culinarie di questa terra. Dalle patatine croccanti ai waffle indulgenti, ogni morso è stato un piacere condiviso.

Grazie per Aver Celebrato le Tradizioni e gli Eventi Belghe

Le festività e le tradizioni del Belgio sono venute alla vita attraverso le vostre letture. Grazie per aver celebrato con me il Ghent Festival, per aver percorso l'itinerario sulla Grande Guerra e per esservi uniti ai mercatini di Natale in ogni pagina.

Grazie per Aver Scoperto l'Inusuale e l'Insolito

Le sorprese del Belgio, gli angoli insoliti e le tradizioni inaspettate hanno trovato un significato attraverso i vostri occhi. Grazie per essere stati aperti alle scoperte inaspettate e per aver accolto con entusiasmo l'inaspettato.

Grazie per Aver Portato Questo Viaggio Nella Vostra Vita

Un ringraziamento speciale per aver portato questo viaggio nella vostra vita quotidiana. Spero che le pagine di "Esplora il Belgio" siano diventate parte della vostra esperienza personale, che abbiate sognato con il Belgio di notte e che abbiate lasciato che la sua bellezza vi ispirasse.

Grazie per Aver Fatto del Belgio un Luogo nel Vostro Cuore

Infine, grazie per aver fatto del Belgio un luogo nel vostro cuore. Che sia diventato un rifugio mentale, un invito a future avventure o una fonte di ispirazione, spero che il Belgio continui a risplendere nei vostri pensieri.

Insieme, abbiamo esplorato, assaporato e celebrato il Belgio. Grazie per aver reso questo viaggio così speciale. Che il Belgio continui a vivere nei vostri ricordi come un luogo di meraviglia e scoperta.

Con immensa gratitudine,

Valen Del Mondo

INFORMAZIONI SULL'AUTORE

Valen Del Mondo

Valen Del Mondo, avvolto nel mistero e nella passione per l'esplorazione, è uno scrittore appassionato e guida turistica virtuale. La sua identità, celata dietro uno pseudonimo intrigante, riflette la sua filosofia che il viaggio è più che un itinerario geografico; è un'esperienza che abbraccia cuore, mente e anima.

Nato dall'entusiasmo per le culture del mondo e dalla sete di conoscenza, Valen Del Mondo ha dedicato la sua vita a scoprire e condividere le storie delle terre che ha attraversato. La sua biografia, pur rimanendo avvolta nell'aura dell'anonimato, è intessuta di avventure tra le strade tortuose di città antiche, le vette maestose delle montagne e le spiagge incontaminate delle isole remote.

L'approccio unico di Valen nel narrare le esperienze di viaggio riflette il desiderio di trasformare ogni luogo in un palcoscenico vibrante, dove le storie delle persone e la bellezza della terra si fondono in un caleidoscopio di emozioni. Il suo stile incantevole invita i lettori a esplorare non solo luoghi fisici, ma anche mondi interiori di riflessione e scoperta personale.

Il nome "Del Mondo" incarna l'idea che il mondo intero è la tela su cui dipingere storie indimenticabili. Valen invita coloro che si perdono tra le sue pagine a abbracciare la diversità, a cogliere l'essenza di ogni cultura e a creare connessioni significative con il mondo che li circonda.

Oltre alle guide turistiche, Valen Del Mondo scrive anche racconti di viaggio, poesie e riflessioni filosofiche, cercando di catturare l'essenza effimera dell'esperienza umana. Attraverso la sua scrittura, continua a invitare i lettori a intraprendere un viaggio interiore, esplorando i confini della propria comprensione e apprezzamento del mondo.

La biografia di Valen Del Mondo, come le sue opere, è un invito a esplorare, scoprire e connettersi con la bellezza e la complessità del nostro straordinario pianeta.

LIBRI DI QUESTA COLLANA

*Orizzonti Viaggianti: Guide Turistiche
per Esplorare l'Europa e il Mondo*

"Orizzonti Viaggianti" è una straordinaria collana di guide turistiche pensata per chi desidera esplorare e scoprire le bellezze dell'Europa e del mondo. Ogni volume di questa collana è una finestra aperta su destinazioni affascinanti, ricche di storia, cultura, e avventure da vivere. Attraverso descrizioni dettagliate, consigli pratici e approfondimenti culturali, queste guide offrono un viaggio immersivo che va oltre le semplici attrazioni turistiche.

Con un approccio autentico e informativo, "Orizzonti Viaggianti" si propone di trasformare ogni viaggio in un'esperienza indimenticabile. Dal fascino delle città europee alla magia degli angoli più remoti del mondo, la collana offre un ampio ventaglio di destinazioni, catturando l'essenza di ogni luogo attraverso le parole di esperti viaggiatori.

In ogni libro, scoprirai non solo i segreti delle destinazioni più affascinanti, ma anche un capitolo dedicato alla lingua locale. Impara le parole e le frasi essenziali per immergerti nella cultura e comunicare con il cuore delle persone del luogo.

Che tu stia pianificando un tour attraverso i paesaggi mozzafiato dell'Europa o ti stia preparando per una straordinaria avventura globale, "Orizzonti Viaggianti" sarà il compagno perfetto, fornendoti le informazioni necessarie per vivere appieno ogni viaggio. Preparati a esplorare, imparare e creare ricordi duraturi con questa collana di guide turistiche che apriranno nuovi orizzonti e ispireranno il tuo spirito viaggiatore.

Esplora La Germania: Guida Turistica Tra Modernità E Passato, Alla Scoperta Di Luoghi Unici E Tradizioni Avvincenti

"Esplora la Germania" di Valen Del Mondo è una guida turistica straordinaria che si propone di condurre i lettori in un viaggio senza tempo attraverso la ricca tapestry della Germania. Questo libro non è solo una guida pratica ma un compagno appassionante che svela le profondità della modernità e le radici del passato che caratterizzano questa nazione straordinaria. Appartenente alla prestigiosa collana "Orizzonti Viaggianti", questa guida promette un'esperienza di viaggio senza pari, offrendo un'immersione completa nella cultura, nella storia e nelle bellezze naturali tedesche.

Caratteristiche Principali:

Ampia Copertura Geografica: Dal cuore cosmopolita di Berlino alle affascinanti strade di Heidelberg, questa guida copre l'intera Germania, fornendo informazioni approfondite su città, regioni e luoghi di interesse.

Itinerari Curati: Valen Del Mondo presenta itinerari impeccabili che guidano i lettori attraverso i punti salienti di ogni destinazione. Dagli iconici monumenti alle gemme nascoste, ogni itinerario è progettato per massimizzare l'esperienza di viaggio.

Approfondimenti Storici e Culturali: Oltre a fornire informazioni pratiche, la guida offre approfondimenti approfonditi sulla storia e la cultura tedesca. Dai giorni dell'Impero Romano all'effervescente scena artistica di Berlino, i lettori scopriranno il fascino unico di ogni luogo.

Tradizioni e Folklore: Valen Del Mondo si immerge nelle tradizioni e nel folklore tedesco, regalando ai lettori un assaggio delle festività, delle usanze locali e delle leggende che danno vita a questa nazione.

Consigli Locali: Grazie alla sua esperienza e conoscenza approfondita, l'autore offre consigli preziosi e segreti locali per rendere ogni visita un'esperienza autentica e memorabile.

Informazioni Pratiche: Dall'alloggio ai trasporti, dalle opzioni gastronomiche alle attrazioni imperdibili, questa guida fornisce informazioni pratiche essenziali per ogni tipo di viaggiatore.

Frasi tradotte: Vivi un esperienza unica con le frasi già tradotte per un viaggio da turista perfetto.

Una Guida della Collana "Orizzonti Viaggianti":

"Esplora la Germania" è parte integrante della collana "Orizzonti Viaggianti", una serie di guide turistiche che si distinguono per l'attenzione ai dettagli, la qualità delle informazioni e la passione per la scoperta. Ogni volume è scritto da autori esperti e appassionati che portano con sé una vasta conoscenza del luogo trattato, assicurando un'esperienza di viaggio autentica e indimenticabile.

Perché Scegliere "Esplora la Germania":

Esperienza Immersiva: Porta la Germania alla vita attraverso narrazioni coinvolgenti, storie intriganti e descrizioni dettagliate.
Flessibilità di Viaggio: Adatta per i viaggiatori solitari, le coppie in cerca di romanticismo, le famiglie in cerca di avventure e gli amanti della cultura.
Aggiornamenti Costanti: Grazie a una ricerca approfondita e a aggiornamenti regolari, la guida rimane attuale e pertinente nel tempo.

Un Compagno Affidabile: Sia che tu stia pianificando un viaggio o sognando ad occhi aperti, questa guida sarà il tuo fedele compagno per esplorare la Germania in tutta la sua gloria.

"Esplora la Germania" è più di una guida turistica; è un invito a immergersi nella bellezza e nella diversità di questa nazione affascinante, mescolando sapientemente il passato e la modernità. Che tu sia un viaggiatore esperto o un neofita dell'esplorazione, questa guida si rivelerà una compagnia indispensabile per ogni avventura in terra tedesca.

Esplorare La Spagna: Guida Turistica Tra Segreti Antichi E Tradizioni Vive

Viaggio nel Cuore di Spagna:
Con una prosa avvincente, Valen Del Mondo ti guida attraverso le affascinanti strade di Spagna, svelando segreti antichi e tradizioni ancora vive. Da Madrid a Barcellona, da Siviglia a Valencia, ogni capitolo è una finestra aperta su luoghi iconici e angoli nascosti che rendono la Spagna unica.

Il Linguaggio dell'Anima:
Questo libro va oltre le classiche guide turistiche. Ogni sezione presenta un capitolo dedicato alla lingua spagnola, fornendo non solo frasi utili ma anche una comprensione più profonda della cultura locale. Valen Del Mondo si impegna a trasmettere il modo in cui la lingua si intreccia con la vita quotidiana, creando una connessione autentica con la gente del luogo.

Tesori Svelati:
Da Gaudí a Flamenco, dal Prado a La Rambla, il libro esplora non solo i luoghi imperdibili ma anche le gemme meno conosciute. Attraverso dettagliate descrizioni e aneddoti storici, il lettore si troverà immerso in un viaggio senza tempo, dove il passato e il presente si fondono in un affascinante panorama.

Esperienze Autentiche:
Valen Del Mondo condivide consigli pratici per vivere esperienze autentiche, come partecipare a una autentica festa locale o scoprire ristoranti nascosti che offrono il meglio della cucina spagnola.

Strumento Completo di Viaggio:
Questa guida è molto più di un compagno di viaggio. Con consigli di viaggio e suggerimenti su dove trovare autentici souvenir spagnoli, il libro è uno strumento completo per chiunque voglia esplorare la Spagna in profondità.

Perché Scegliere "Esplorare la Spagna"?
Approccio Unico: Il libro offre una prospettiva unica sulla Spagna, combinando informazioni pratiche con approfondimenti culturali.
Autenticità Linguistica: Impara la lingua spagnola in modo pratico e reale, rendendo la tua esperienza di viaggio ancora più significativa.
Segreti Svelati: Scopri tesori nascosti e angoli meno conosciuti, arricchendo il tuo itinerario con esperienze indimenticabili.
Guida Pratica: Consigli pratici, è la guida ideale per esplorare la Spagna senza problemi.
"Esplorare la Spagna" di Valen Del Mondo è molto più di una guida, è un invito a scoprire la Spagna in modo autentico e profondo. Aggiungi questo libro alla tua collezione di viaggi e preparati a vivere un'esperienza straordinaria nella penisola iberica

Esplora La Polonia: Guida Turistica Alla Scoperta Di Una Terra Ricca Di Storia, Cultura E Bellezze Naturali

Benvenuti in un viaggio senza precedenti attraverso la Polonia con "Esplora la Polonia", una guida turistica ricca di dettagli curati e racconti avvincenti. Scritto da Valen Del Mondo, esperto viaggiatore e appassionato conoscitore della cultura polacca, questo libro è un invito a immergersi nelle meraviglie di un paese che offre una combinazione unica di storia millenaria, vibrante cultura e paesaggi naturali mozzafiato.

Chi è Valen Del Mondo?
Valen Del Mondo è uno scrittore apprezzato nel mondo delle guide turistiche. Con la sua esperienza pluriennale di viaggi in Polonia, ha catturato l'anima di questo paese, trasformando le sue avventure in un'opera coinvolgente e informativa. La sua passione per la cultura polacca, la storia e le bellezze naturali traspare in ogni pagina, offrendo ai lettori una prospettiva autentica e appassionata.

Contenuto del Libro
Questo libro è una guida completa e dettagliata che copre ogni aspetto della Polonia, suddiviso in 20 capitoli tematici che esplorano le città principali, i luoghi storici, le bellezze naturali e tanto altro. Dalla vivace Varsavia alla suggestiva Cracovia, dalla profonda storia di Auschwitz alle rilassanti spiagge di Sopot, il lettore viene condotto attraverso un viaggio ricco di informazioni, consigli pratici e aneddoti affascinanti.

Caratteristiche Principali:

Capitoli Approfonditi: Ogni capitolo offre un'analisi dettagliata dei luoghi più iconici e suggestivi, con informazioni storiche, culturali, pratiche per rendere il viaggio memorabile e frasi già tradotte utili per comunicare con la gente del luogo.

Esperienze Uniche: Valen Del Mondo condivide esperienze personali e suggerimenti per vivere appieno la cultura polacca, dai piatti tradizionali ai festival locali.

Consigli Pratici: Oltre alle informazioni storiche e culturali, il libro fornisce consigli pratici su trasporti, alloggi, ristoranti e attività, garantendo un viaggio senza stress.

Collana Orizzonti Viaggianti: Guide Turistiche per Esplorare l'Europa e il Mondo "Esplora la Polonia" fa parte della collana di libri "Orizzonti Viaggianti", una serie dedicata a fornire guide turistiche approfondite per esplorare l'Europa e il mondo. Ogni volume è scritto da esperti del settore, offrendo ai lettori un'esperienza di viaggio unica attraverso dettagli accurati e suggestioni coinvolgenti.

Per Chi è Questo Libro?

Viaggiatori appassionati che desiderano esplorare la Polonia in modo approfondito.
Coloro che cercano una guida completa che combini storia, cultura e informazioni pratiche.
Chiunque cerchi un regalo perfetto per gli amanti dei viaggi e della cultura.
Scopri la Polonia con Valen Del Mondo
"Esplora la Polonia" è molto più di una guida turistica; è un invito a esplorare, imparare e innamorarsi della bellezza intramontabile di questo paese europeo. Grazie a Valen Del Mondo, ogni pagina è un passo verso la comprensione profonda e autentica della Polonia.

Inizia il tuo viaggio attraverso una delle destinazioni più affascinanti del mondo.

Esplora L'olanda: Un Viaggio Tra Tesori Nascosti, Arte E Cultura Olandese

Un viaggio indimenticabile attraverso l'Olanda ti attende con "Esplorare l'Olanda: Un Viaggio Tra Tesori Nascosti, Arte E Cultura Olandese" di Valen Del Mondo, un esperto viaggiatore e appassionato conoscitore delle bellezze olandesi. Questo libro, parte della prestigiosa collana "Orizzonti Viaggianti", si propone come la tua guida definitiva per scoprire gli aspetti più affascinanti e autentici di questo paese europeo ricco di storia, arte e natura.

Caratteristiche Principali:

Guida Completa: Questa guida offre una copertura completa di tutto ciò che l'Olanda ha da offrire. Dai vivaci canali di Amsterdam ai tranquilli villaggi di Zaanse Schans, Valen Del Mondo ti accompagna in un tour dettagliato attraverso i luoghi più iconici e meno noti di questo affascinante paese.

Tesori Nascosti: Scopri luoghi segreti e tesori nascosti che sfuggono spesso alle guide turistiche convenzionali. Valen Del Mondo condivide le sue scoperte personali, portandoti in luoghi autentici che raccontano la storia e la cultura olandese in modo unico.

Arte e Cultura Olandese: Immergiti nell'ambiente artistico di Haarlem, visita i musei di Amsterdam ricchi di capolavori olandesi e scopri la tradizione della ceramica a Delft. Questa guida offre una prospettiva approfondita sull'arte e sulla cultura che hanno plasmato l'Olanda nel corso dei secoli.

Itinerari Personalizzati: Grazie a itinerari personalizzati e consigli pratici, questa guida ti permette di pianificare il tuo viaggio in base ai tuoi interessi e alle tue preferenze. Che tu sia un amante dell'arte, della natura o della storia, troverai suggerimenti adatti a te.

Collana "Orizzonti Viaggianti": Il libro fa parte della collana di libri "Orizzonti Viaggianti", una serie dedicata a fornire guide turistiche complete per esplorare l'Europa e il mondo. Ogni libro è curato da esperti viaggiatori e offre un approccio autentico e appassionato alla scoperta di nuovi luoghi.

Informazioni Pratiche: Oltre alle descrizioni dettagliate dei luoghi, troverai informazioni pratiche su trasporti, alloggi, ristoranti e consigli utili per massimizzare la tua esperienza di viaggio.

Chi Dovrebbe Leggere Questo Libro: "Esplorare l'Olanda" è ideale per chiunque desideri vivere un'esperienza olandese autentica, dai viaggiatori solitari agli appassionati di cultura, dalle coppie in cerca di romanticismo agli amanti dell'arte e della storia. È una risorsa indispensabile per coloro che desiderano andare oltre i percorsi turistici convenzionali e scoprire il cuore pulsante dell'Olanda.

Con "Esplorare l'Olanda", Valen Del Mondo ti offre la chiave per sbloccare le meraviglie di questo affascinante paese, regalandoti un viaggio ricco di scoperte, emozioni e ricordi duraturi.

Esplorare La Corea Del Sud: Un Itinerario Straordinario - Guida Turistica Per Una Scoperta Autentica

Benvenuti in un viaggio avvincente attraverso la Corea del Sud con "Esplora la Corea del Sud: Un Itinerario Straordinario". Scritto con passione da Valen Del Mondo, esperto viaggiatore e appassionato conoscitore della cultura coreana, questo libro è una guida completa che offre un'esperienza di scoperta autentica e indimenticabile.

Una Guida Turistica Immersiva:

Questo libro è molto più di una guida turistica tradizionale; è un invito a immergersi nelle profondità culturali e paesaggistiche della Corea del Sud. Valen Del Mondo conduce il lettore attraverso un itinerario straordinario, svelando i segreti meglio custoditi della nazione, dai palazzi reali di Seoul alle meraviglie naturali di

Jeju Island.

Itinerari Curati e Sperimentati:

Ogni pagina di questa guida è stata scritta con cura, basandosi su esperienze di viaggio autentiche. Gli itinerari proposti sono frutto di esplorazioni dettagliate, garantendo ai lettori la possibilità di scoprire luoghi fuori dai sentieri battuti, assaporando la vera essenza della Corea del Sud.

Approfondimenti Culturali Unici:

Valen Del Mondo non si limita a elencare le attrazioni turistiche; porta i lettori in un viaggio culturale ricco di dettagli e approfondimenti. Dai riti tradizionali alle moderne manifestazioni artistiche, questa guida offre una panoramica completa delle sfaccettature culturali coreane.

Consigli Locali e Segreti Nascosti:

Le gemme nascoste della Corea del Sud sono rivelate attraverso consigli locali e informazioni privilegiate che solo un viaggiatore esperto può fornire. Scopri ristoranti segreti, mercati tradizionali e luoghi di interesse meno noti che aggiungeranno un tocco unico al tuo viaggio.

Collana di Libri Orizzonti Viaggianti: Guide Turistiche per Esplorare l'Europa e il Mondo
"Esplora la Corea del Sud" è parte della collana di libri "Orizzonti Viaggianti", una serie di guide turistiche concepite per trasportare i lettori in viaggi affascinanti attraverso l'Europa e il resto del mondo. Ogni volume è un invito a scoprire luoghi unici, culture avvincenti e paesaggi mozzafiato.

Caratteristiche Speciali del Libro:
Frasi tradotte: Capitolo dedicato alla lingua locale, avrete a

disposizioni le parole e le frasi basi, già tradotte, che vi serviranno nella vostra esperienza di viaggio.
Consigli Pratici: Informazioni utili su alloggi, trasporti e consigli per un viaggio senza intoppi.
Approfondimenti Culturali: Scoperte culturali e storie affascinanti arricchiscono l'esperienza di lettura.
Per chi è Questo Libro?
"Esplora la Corea del Sud" è ideale per chiunque desideri vivere un'esperienza di viaggio autentica e approfondita. Sia i viaggiatori alle prime armi che gli esploratori esperti troveranno valore in questa guida completa, arricchita dalla prospettiva unica di Valen Del Mondo.

"Esplora la Corea del Sud: Un Itinerario Straordinario - Guida Turistica per una Scoperta Autentica" è molto più di una guida turistica standard; è un compagno di viaggio che offre un'immersione completa nella cultura coreana. Grazie alle dettagliate informazioni, consigli pratici e approfondimenti culturali, questo libro è la chiave per aprire le porte di una Corea del Sud autentica e affascinante. Preparati per un'avventura indimenticabile attraverso le meraviglie di questo straordinario paese.

Esplorare Il Portogallo: Guida Turistica Alla Scoperta Di Luoghi Incantevoli E Tradizioni Autentiche

Benvenuti nella guida definitiva per esplorare il cuore autentico del Portogallo: "Esplorare il Portogallo: Guida Turistica alla Scoperta di Luoghi Incantevoli e Tradizioni Autentiche". Questo libro, curato da Valen Del Mondo, esperto viaggiatore e appassionato conoscitore della cultura portoghese, è il compagno ideale per chi desidera immergersi nelle meraviglie di questo affascinante paese.

La Guida Turistica Essenziale:

Concepita come parte della collana di libri "Orizzonti Viaggianti: Guide Turistiche per Esplorare l'Europa e il Mondo", questa guida offre un'esperienza unica di viaggio attraverso il Portogallo. Sia che siate viaggiatori alle prime armi o esploratori esperti, questo libro si rivolge a tutti coloro che desiderano scoprire la vera anima del Portogallo.

Cosa Troverete in Questo Libro:

Itinerari Dettagliati: Viaggiate attraverso le stradine lastricate di Lisbona, esplorate le cantine del porto a Porto, percorrete i sentieri delle montagne di Madeira. Questa guida fornisce itinerari dettagliati per ciascuna regione, garantendo un'esperienza completa e ben organizzata.

Informazioni Storiche e Culturali: Approfondite la vostra conoscenza della storia e della cultura portoghese. Dalle antiche università di Coimbra alle feste religiose di Fátima, ogni capitolo offre un'immersione nella ricca eredità del paese.

Consigli di Viaggio e Etichetta Locale: Imparate come interagire con i locali, quali piatti assaporare, e come muovervi con facilità nelle città e nei villaggi. I consigli pratici vi garantiranno un'esperienza senza intoppi e arricchente.

Luoghi Insoliti e Nascosti: Scoprite gemme nascoste e luoghi fuori dai circuiti turistici tradizionali. Dalle spiagge incontaminate di Porto Santo ai giardini segreti di Sintra, avrete accesso a tesori poco conosciuti.

Frasi tradotte: Capitolo dedicato alla lingua locale, avrete a disposizioni le parole e le frasi basi, già tradotte, che vi serviranno nella vostra esperienza di viaggio.

Il Viaggio di Valen Del Mondo:

Valen Del Mondo, l'autore di questa guida, ha dedicato anni a esplorare il Portogallo in profondità. Le sue esperienze personali, consigli insider e apprezzamenti per la cultura locale trasformano questa guida in una compagna autentica e appassionata per chiunque desideri scoprire il Portogallo al di là delle superfici turistiche.

Parte della Collana "Orizzonti Viaggianti":

Questa guida fa parte della collana di libri "Orizzonti Viaggianti", una serie dedicata a fornire guide turistiche approfondite e appassionate per esplorare destinazioni in Europa e oltre. Ogni libro è concepito per offrire un'esperienza di viaggio completa, abbracciando la diversità culturale e la bellezza autentica di ogni luogo.

Un Invito all'Avventura:

"Esplorare il Portogallo" non è solo una guida, ma un invito all'avventura. Che siate appassionati di storia, amanti della natura o curiosi esploratori, questa guida vi accompagnerà attraverso i luoghi più affascinanti e le tradizioni più autentiche del Portogallo.

Preparatevi per un viaggio indimenticabile, poiché Valen Del Mondo vi guida attraverso le strade acciottolate di paesini storici, le spiagge dorate dell'Algarve e le vigne terrazzate del Douro. Esplorate il Portogallo con occhi nuovi e cuore aperto.

Esplorare La Francia: Un Viaggio Attraverso Arte, Storia E Paesaggi Incantevoli

Benvenuti nel viaggio letterario di Valen Del Mondo, dove vi condurrà attraverso un'esplorazione avvincente della Francia, terra di arte, storia e paesaggi mozzafiato. "Esplorare la Francia" è un'opera appartenente alla prestigiosa collana di libri "Orizzonti Viaggianti: Guide Turistiche per Esplorare l'Europa e il Mondo," una serie dedicata a fornire agli appassionati viaggiatori guide dettagliate, ricche di informazioni autentiche e consigli utili.

Un'Introduzione a Un Viaggio Unico
Il libro si apre con una suggestiva introduzione, dove l'autore, Valen Del Mondo, ci invita a immergerci nella ricca tapestry della Francia. Attraverso la sua prosa avvincente, ci trasporta in un mondo di sensazioni, descrivendo la bellezza intramontabile di Parigi, la città dell'amore e delle luci, prima di allargarci l'orizzonte verso le regioni meno esplorate ma altrettanto affascinanti.

Capitoli Dettagliati per Ogni Regione
La guida si sviluppa attraverso capitoli dedicati a specifiche regioni francesi, ognuna presentata con un'attenzione particolare. Dalle strade acciottolate dell'Alsazia ai vigneti dorati di Bordeaux, ogni capitolo è una finestra aperta sulla cultura, la storia e le delizie culinarie della regione. Valen Del Mondo si prende il tempo di esplorare non solo i siti turistici iconici ma anche le gemme nascoste, offrendo ai lettori un'esperienza completa e autentica.

Contenuti Originali e Approfonditi
Il libro è una fonte autentica di informazioni originali. Valen Del Mondo condivide dettagli storici, aneddoti affascinanti e consigli pratici, tutti arricchiti dalla sua esperienza personale e dalla sua passione per la scoperta. I contenuti non sono solo informativi ma anche coinvolgenti, rendendo la lettura non solo un'esperienza educativa ma anche un piacere.

Consigli per i Viaggiatori e Frasi Utili
Ogni capitolo è arricchito da consigli pratici per i viaggiatori, dalle migliori stagioni per visitare ai suggerimenti culinari locali. Inoltre, il libro include frasi utili in francese per facilitare la

comunicazione con la gente del luogo, offrendo ai lettori un modo per immergersi completamente nella cultura francese.

Un Viaggio Artistico attraverso Parole
La scrittura di Valen Del Mondo è un viaggio artistico attraverso le parole. La sua prosa evocativa dipinge quadri vividi, trasformando il libro in un mezzo attraverso cui i lettori possono vivere le esperienze francesi senza dover abbandonare la comodità dei propri letti.

Apprezzato dagli Esperti e dai Novizi
"Esplorare la Francia" è un'opera che può essere apprezzata sia dagli esperti di viaggi che da coloro che si avventurano per la prima volta in questa magnifica destinazione. La scrittura attenta e accessibile di Valen Del Mondo offre un punto di partenza ideale per chiunque desideri esplorare la Francia in modo approfondito e significativo.

"Esplorare la Francia" è molto più di una guida turistica; è un invito a immergersi in un viaggio sensoriale attraverso una delle nazioni più affascinanti del mondo. Sia che siate amanti della storia, della cucina o della bellezza naturale, questo libro vi accompagnerà in un'avventura indimenticabile, trasportandovi direttamente nel cuore della Francia.

Esplorare La Grecia: Un Itinerario Affascinante Attraverso La Culla Della Civiltà

Benvenuti nell'affascinante mondo di "Esplorare la Grecia" di Valen Del Mondo, la guida turistica definitiva che vi condurrà attraverso un itinerario straordinario nella culla della civiltà occidentale. Questo libro, parte della collana "Orizzonti Viaggianti: Guide Turistiche per Esplorare l'Europa e il Mondo", è molto più di una semplice guida; è un compagno di viaggio dettagliato e ricco di informazioni, progettato per rendere il vostro viaggio in Grecia un'esperienza indimenticabile.

Contenuto Straordinario: L'autore, Valen Del Mondo, esperto viaggiatore e appassionato della cultura greca, vi guiderà attraverso le strade antiche e le moderne piazze delle affascinanti città greche. Dall'Acropoli di Atene alle spiagge paradisiache di Santorini, questo libro copre ogni angolo della Grecia, svelando tesori nascosti, tradizioni millenarie e affascinanti racconti di mitologia.

Caratteristiche Principali:

Itinerari Dettagliati: Ogni capitolo offre itinerari dettagliati, garantendo che non vi perdiate nulla di ciò che la Grecia ha da offrire. Dalle antiche rovine alle taverne pittoresche, questo libro vi condurrà passo dopo passo attraverso le gemme nascoste e i luoghi più iconici.

Consigli Locali: Valen Del Mondo condivide consigli locali preziosi, dalla scelta dei migliori ristoranti con autentica cucina greca a suggerimenti su come evitare le folle e vivere un'esperienza più autentica.

Storie e Aneddoti: Immersi nella cultura greca, gli appassionanti racconti e aneddoti rendono questo libro più di una semplice guida turistica. Scoprirete la Grecia attraverso gli occhi di chi la ama profondamente.

Informazioni Pratiche: Con consigli su trasporti, sicurezza, e suggerimenti utili, questo libro vi permetterà di organizzare il vostro viaggio in modo efficiente, massimizzando il tempo per l'esplorazione e la scoperta.

CONTENUTI EXTRA: Conoscenze base della lingua locale, con parole e frasi utili nel viaggio già tradotte e pronte per essere lette.

Collana "Orizzonti Viaggianti": "Esplorare la Grecia" fa parte della collana "Orizzonti Viaggianti", una serie di guide turistiche che aprono finestre sulle meraviglie di diverse destinazioni in Europa e nel mondo. Ogni libro è scritto da esperti viaggiatori e offre una prospettiva unica per arricchire la vostra esperienza di viaggio.

Per Chi è Questo Libro:

Viaggiatori Appassionati: Per coloro che cercano un'esperienza di viaggio completa e arricchente, andando oltre le tradizionali guide turistiche.
Amanti della Cultura: Per chi desidera immergersi nella ricca storia, mitologia e cultura della Grecia.
Pianificatori di Viaggio: Per coloro che cercano un'organizzazione dettagliata, consigli pratici e itinerari flessibili.
Porta la Grecia nel Tuo Cuore: Con "Esplorare la Grecia", Valen Del Mondo ti offre la chiave per aprire le porte della Grecia, permettendoti di vivere un'avventura indimenticabile. Preparatevi a esplorare, scoprire e innamorarvi della Grecia come mai prima d'ora. Benvenuti in un viaggio che resterà inciso nei vostri ricordi per sempre.

Printed by Amazon Italia Logistica S.r.l.
Torrazza Piemonte (TO), Italy

60901220R00078